JÖRG PETERSEN

Saturn und Uranus

Standardwerke der Astrologie

Jörg Petersen

Saturn und Uranus

Das kosmische Wechselspiel im Horoskop

ISBN 978-3-89997-274-0

Umschlag: Judith Hamann, Tübingen
Bild © depositphotos
Druck: SDL, Berlin

Zu beziehen über:
Chiron Verlag, Postfach 1250, D-72002 Tübingen
www.chironverlag.com

Inhalt

Einleitung oder: Ein Gott mit zwei Gesichtern

Im historischen Zentrum von Straßburg, nördlich vom Münster, befindet sich das *Aquädukt des Janus*, ein surreal anmutendes Bauwerk, das von dem elsässischen Künstler Tomi Ungerer (1931–2019) gestaltet wurde. Es zeigt den römischen Gott Janus, ein Gesicht nach vorne gewandt, das andere nach hinten, aus dem Wasser auftauchend. Hinter ihm befinden sich drei Pfeiler eines antiken Aquädukts, von dem aus Wasser in ein Bassin hinabfließt.

Ungerer hat 1988 mit den Plänen begonnen; zehn Jahre später wurde das Bauwerk – anlässlich der 200-Jahr-Feier von Straßburg – feierlich eingeweiht. Das Aquädukt soll die von Frankreich und Deutschland geprägte Doppelkultur der Stadt zum Ausdruck bringen.

Was hat dieses Denkmal mit unserem Buch zu tun? Es führt direkt in sein Thema. Denn um Janus, den zweigesichtigen Gott, der sowohl in die Vergangenheit als auch in die Zukunft blickt, geht es und damit auch um Saturn und Uranus, die beiden astrologischen Prinzipien, die – in ihrem Zusammenspiel – von Janus verkörpert werden.

1988, als Ungerer die Arbeiten zum Aquädukt begann, standen Saturn und Uranus eng beieinander, und als es zehn Jahre später eingeweiht wurde, bildeten sie ein Quadrat. Da verwundert es nicht, dass Ungerer ebenfalls einen solchen Spannungsaspekt in seinem Horoskop hat.

In diesem Buch stehen Uranus und Saturn im Mittelpunkt; es geht um sie im Einzelnen sowie in ihrem Zusammenwirken. Dafür tauchen wir zunächst hinab in die griechische Mythologie, wo sie uns als Vater und Sohn begegnen. Ein dramatisches Familienschicksal eint sie und bildet gleichsam die Basis, auf der sie ihren

Tanz immer wieder vollführen: Alt gegen Neu, Tradition gegen Fortschritt, Vergangenheit versus Zukunft.

Danach beschäftigen wir uns mit Uranus allein, dem rebellischen Freigeist, der den Stein ins Rollen brachte und dem wir es verdanken, dass aus dem Urchaos nach und nach die Welt entstand, in der wir heute leben. Uranus erweist sich als schöpferisches, aber auch als schwieriges Urprinzip – im prometheischen Zivilisationserschaffer liegt die Dualität unseres Daseins begründet, im Positiven wie im Negativen.

Dann wenden wir uns Saturn zu, dem ungemütlichen Gesellen mit schlechtem Ruf. Er gilt als Überbringer von Not, Krankheit und anderen Übeln. Dennoch soll deutlich werden, dass er ein notwendiges Prinzip ist und dass ohne ihn Zivilisation und Leben nicht möglich wären, dass diese alte Gottheit somit auch ihre lichten Seiten hat.

Im nächsten Abschnitt geht es um das Wechselspiel beider Planeten, um den Rhythmus von Aufbruch und Erstarrung, um den Kampf zwischen Tradition und Fortschritt. Wir lernen Janus darin kennen, seines Zeichens römischer Gott und Repräsentant von Saturn-Uranus.

Saturn/Uranus spielt auch im Weltgeschehen eine wichtige Rolle, wovon ihr Zyklus zeugt, der danach beschrieben wird. Um Janus-Kinder, also um Persönlichkeiten, die von Saturn und Uranus geprägt sind, geht es im Folgenden: Wir beschäftigen uns mit Friedrich dem Großen (1712–1786) und seinem Erbe, das in Form zahlreicher Deutschland-Horoskope wiederkehrt. Saturn/Uranus-Politiker sind zudem Konrad Adenauer (1876–1967), Helmut Kohl (1930–2017) und Erich Honecker (1912–1994). Und Teil der deutschen Geschichte ist auch der *Deutsche Herbst*, die Zeit des RAF-Terrors, bei der Saturn und Uranus ebenfalls ihre Hände im Spiel hatten.

Danach begegnen wir weiteren Saturn/Uranus-Persönlichkeiten, etwa Natascha Kampusch (* 1988) und Johann Wolfgang von Goethe (1749–1832), der im FAUST (1829) dieser Konstellation Ausdruck verliehen hat, aber auch E. T. A. Hoffmann (1776–1822),

Jack London (1876–1916), Eugène Ionesco (1909–1994), Heinrich Böll (1917–1985), Friedrich Dürrenmatt (1921–1990) sowie dem Filmemacher Federico Fellini (1920–1993) und dem symbolistischen Maler Léon Spilliaert (1881–1946).

Abschließend werden die Hauspositionen von Saturn und Uranus beschrieben, sowie deren Transite durch die Häuser.

Mit diesem Buch soll die Geschichte von Saturn und Uranus nicht neu geschrieben, der Akzent aber ein wenig verschoben werden: Beide sind Feinde, gleichwohl miteinander verzahnte Antagonisten. Sie symbolisieren das Wechselspiel von Erstarrung und Aufbruch, von Stillstand und Bewegung, und das von Loslösung und Kristallisation. Sie sind schwer getrennt voneinander zu betrachten, bedingen einander, sind miteinander verwoben. Im Mythos sind sie Vater und Sohn, und so wie Eltern ihren Kindern Dinge mitgeben, diese damit auch Teil von ihnen sind, so ist es auch bei Uranus und Saturn – sie gleichen Perlen an einer Kette, die in *einem* geheimnisvollen Takt schwingt.

Uranus und Saturn haben beide etwas mit unserem Menschsein zu tun, mit unserer anthropologischen Grundverfassung: Sie sondern sich ab, lehnen sich auf, laden Schuld auf sich – Schuld im Sinne des Geworfen-Seins in diese Existenz. Beide sind die zwei Seiten einer Medaille, die sich Menschsein nennt.

Ich möchte aufzeigen, dass sich beide Prinzipien näher sind als allgemein angenommen. Wenn mir dies geglückt ist, hat dieses Buch seine Funktion erfüllt[1].

Hamburg, im April 2020
Jörg Petersen

[1] Einzelne Abschnitte dieses Buches basieren auf Artikeln, die ich zuvor in den Zeitschriften MERIDIAN und ASTROLOGIE HEUTE veröffentlicht habe.

Die alten Götter – Der Mythos von Uranus und Saturn

Das erste Zeitalter war golden.

-Ovid-

Der griechisch-römische Mythos erzählt Folgendes: Zu Beginn taucht Mutter Erde (Gaia)[2] aus dem Chaos auf und gebärt im Schlaf ihren Sohn. Uranus (griech.: Uranos) befruchtet daraufhin die Mutter mit Regen; sie gebärt Pflanzen und Tiere, Flüsse, Seen, aber auch die Meere. Mit Uranus kommt Ordnung in die Welt: Oben und unten, Himmel und Erde spannen fortan ein Koordinatensystem auf, in das sich alles Künftige einzuordnen hat.

Doch Uranus hört mit seinem schöpferischen Werk nicht auf: Er schafft auch die Hekatoncheiren, die »Hundertarmigen«, Monstren mit fünfzig Köpfen und hundert Armen; ferner die einäugigen Zyklopen – Brontes (Donner), Steropes (Blitz) und Arges (Glanz). Die ungeschlachten Riesen symbolisieren die blitzartigen Eingebungen des Uranus-Prinzips, das zu spontanem Erkenntnisgewinn führt; repräsentiert durch das eine Auge auf der Zyklopenstirn – das dritte Auge der synthetischen Schau.

Schließlich erschafft Uranus die Titanen, etwa Okeanos, den Fluss, der die Erde umgibt (= das Weltmeer), oder Hyperion, den Sonnengott, der ein Vorfahr des Helios ist. *Titaino* bedeutet »sich recken«, was ein Hinweis auf die Gestalt der Titanen ist – wahre Riesen in Menschengestalt. Die Schaffung der Kinder wird Uranus zum Verhängnis, denn eines von ihnen, Uranus' jüngster Sohn Saturn, wird den Vater bald vom Thron stoßen.

[2] In der römischen Mythologie findet Gaia ihre Entsprechung in der Gottheit Tellus. Da die Römer die Götterwelt der Griechen weitgehend übernahmen, allerdings latinisierten, verwende ich vorwiegend die bei uns gebräuchlichen Namen.

Tatsächlich ist dies ein Merkmal, das typisch für die griechischen Götter ist und bereits in ihrem Schöpfungsmythos zutage tritt: Die Weigerung, Macht abzugeben, selbst nicht an die Nachgeborenen.

Neben seinem Willen zur Macht, der sich wie ein roter Faden durch das Schicksal der Nachkommen zieht, ist ein weiterer Zug an Uranus auffällig: Sein fast schon ans Manische grenzender Drang nach Geschlechtsverkehr. Unablässig begattet er Gaia und schafft dadurch – Ironie der Geschichte – selbst die Gestalten, die ihn eines Tages stürzen werden.

Wir finden im Uranus-Mythos zudem den Hinweis, dass sich etwas abgespalten hat – vom Chaos, der gähnenden Leere, die zuvor da gewesen war. Himmel und Erde bilden sich und versuchen instinktiv immer wieder zusammenzukommen, sich erneut zu vereinen.

Das heißt, der Zeugungsdrang des Uranus kann dergestalt gedeutet werden, dass verzweifelt versucht wird, zur Einheit zurückzukehren: Uranus strebt die Vereinigung der Gegensätze (Himmel vs. Erde) an. Doch der Stein ist bereits ins Rollen gebracht: Die Rückkehr ins Nirwana gelingt nicht, stattdessen wird mit jedem Versuch eine neue Gestalt in die Welt gesetzt.

Kampf der Titanen

Eine der uranischen Schöpfungen ist Saturn (griech.: Kronos). Er ist der jüngste Sohn des Uranus; die elf Geschwister heißen Theia, Rhea (röm.: Ops), Themis, Mnemosyne, Phoibe, Tethys, Okeanos, Koios, Krios (röm.: Crius), Hyperion und Iapetos.

Die Tatsache, dass es insgesamt ein Dutzend sind, lässt aufhorchen: Spiegeln sich hier die zwölf Tierkreiszeichen wider und stellen die Titanen sie in ihrer ursprünglichen Form dar? Benjamin Schiller schlägt folgende Zuordnung vor:

Krios/Crius	Widder	Themis	Waage
Theia	Stier	Rhea/Ops	Skorpion
Iapetos	Zwillinge	Koios	Schütze
Mnemosyne	Krebs	Kronos/ Saturn	Steinbock
Hyperion	Löwe	Okeanos	Wassermann
Phoibe	Jungfrau	Thetys	Fische[3]

Man sieht somit, dass der Tierkreis, das kosmische Band der Archetypen, bereits in dieser Phase angelegt ist – und Uranus sein Schöpfer ist.

Von modernen Erziehungsmethoden hält dieser nicht viel, im Gegenteil: Er sperrt die Kinder ein, und zwar »im Schoß der Erde« wie es bei Hesiod (ca. 700 v. Chr.) heißt. Gaia erbarmt sich ihrer schließlich und erwählt Saturn, um sich an ihrem Sohn und Partner zu rächen. Sie verbirgt ihn vor Uranus und schmiedet ihm aus dem Erz der Erde eine gewaltige Sichel.

Mit dieser überrascht Saturn Gaia und Uranus beim Geschlechtsverkehr und entmannt kurzerhand den Vater: Die saturnische Realität beschneidet, konkret wie sinnbildlich, den Schöpferdrang des Uranus.

Den abgeschnittenen Penis wirft Saturn hinter sich; aus den Blutstropfen entstehen die Erinnyen, die Zorn- und Rachegöttinnen, aber auch die Giganten und die Eschennymphen. Das Geschlechtsteil landet schließlich im Meer, wo aus dem aufgewirbelten Schaum Venus geboren wird[4]. Uranus und Gaia aber prophezeien Saturn, dass er dereinst selbst von seinem Sohn gestürzt werden soll.

Mit der Trennung seiner Eltern und der Kastration des Vaters übernimmt Saturn nicht nur die Macht, sondern besiegelt auch das endgültige Ende der Einheit aus Himmel (Uranus) und Erde (Gaia):

[3] Vgl.: Benjamin Schiller: *Himmlische Weisheit. Mythos und Astrologie.* Roßdorf 2017.

[4] Eine französische Redewendung lautet »Liebe ist ein Kind der Freiheit« (*L'amour est l'enfant de la liberté*), womit die Verwandtschaft zwischen Uranus (Freiheit) und Venus (Liebe) treffend umschrieben ist.

Von nun an herrscht die irdische Realität, aufgespannt auf dem Koordinatensystem von Zeit und Raum. Saturn ist ihr oberster Führer, Herr dieser Welt.

Wir sehen also, dass es sich bei Uranus und Saturn um Ordnungsprinzipien handelt, denen autoritäre und machtorientierte Handlungsweisen nicht fremd sind. Vater und Sohn sind sich damit ähnlicher, als es die hergebrachte astrologische Zuordnung vermuten lässt.

Die Giganten wiederum, aus dem Blut des kastrierten Uranus entstanden, sollen später den Olympiern ihre Macht streitig machen und erst nach langen Kämpfen besiegt sein. Sie werden als riesige, zottelhaarige Gestalten geschildert, tragen also ganz die Handschrift ihres Schöpfers Uranus.

Weitere Quellen besagen: Aus dem Zusammentreffen des Blutes von Uranus mit Nyx, der Nacht, sollen die Schicksalsgöttinnen Klotho, Lachesis und Atropos entstanden sein. Klotho spinnt den Lebensfaden, Lachesis teilt ihn den Menschen zu und Atropos schneidet ihn ab.

König Saturn

Zunächst aber ist Saturn oberster Gott, Herrscher über die Titanen. Er nimmt Rhea (röm.: Ops) zur Frau, und sie zeugen sechs Kinder: Vesta, Ceres, Juno, Pluto, Neptun und Jupiter.

Wie wir sehen, ist diese Phase der Titanenherrschaft immer noch die Zeit, in der der stoffliche Rahmen der Welt, sozusagen ihre Matrix, erschaffen wird, denn aus der Zusammenkunft von Hyperion und Theia entstehen Gottheiten wie Helios (Sonne), Selene (Mond) und Eos (Morgenröte). Eos wiederum gebiert den Wind und die Sterne. Das Kind von Phoebe und Koios aber ist Leto, die ihrerseits Apollon und Artemis zur Welt bringt.

Die Ära Saturns ist das Goldene Zeitalter, eine Phase, in der laut Platon (427–347 v. Chr.) regelrechte Vollkommenheit auf Erden herrschte: Die Menschen lebten sorglos, ohne Not und Arbeit und erreichten ein hohes Alter. Krieg und Streit waren unbekannt. Außerdem wurde kein Fleisch verzehrt; es gab sogar eine sprachliche Verständigung zwischen Mensch und Tier. Unter den Tieren herrschte ebenfalls Frieden, weder gab es Raub- noch Beutetiere.

Damit sich aber die düstere Prophezeiung seines Vaters nicht erfüllt, frisst Saturn die eigenen Kinder, sehr zum Missfallen seiner Gattin. Daran sieht man, wie sich Geschichte wiederholt, aber auch, wie sich ein Familienskript fortsetzt, denn Rhea folgt ihrer Mutter und unterstützt Jupiter dabei, den Vater zu stürzen: Er schleicht sich bei Saturn als Mundschenk ein, verabreicht ihm ein Brechmittel und befreit die Geschwister. Mithilfe der Giganten und der Zyklopen führt er anschließend eine Armee gegen ihn ins Feld und stürzt ihn in den Tartaros.

Gleichsam ist mit Saturn etwas Neues in die Welt gekommen: die Abfolge der Generationen und damit auch die Zeit. Eine große Macht, der selbst ihr Vater unterlegen sein wird, denn schließlich verschlingt sie irgendwann auch ihn.

Sündenfall

So weit der abendländische Mythos von Uranus und Saturn. Wie wir gesehen haben, handelt es sich dabei um die Genese der Welt, also um den Basisbereich der Schöpfungsgeschichte. Beide sind frühe Gottheiten, gehören quasi zum archaischen Urstamm des Daseins.

Blicken wir in den Tierkreis, so finden wir Saturn und Uranus jedoch nicht am Anfang, sondern erst spät, weit am Ende: Der Zodiak beginnt mit Widder, Stier und Zwillinge, also mit Zeichen, die von jüngeren Göttern wie Mars (Widder), Venus (Stier) und Merkur (Zwillinge) regiert werden. Erst an zehnter bzw. elfter Stelle entdecken wir Steinbock und Wassermann, jene Zeichen, die durch Saturn (Steinbock) und Uranus (Wassermann) repräsentiert sind.

Wie ist dies zu erklären? Das Geheimnis lüftet sich, wenn wir eine andere Zählweise anwenden. Normalerweise beginnt der Zodiak entgegengesetzt der Uhrzeigerrichtung, also von Widder bis

Fische. Dies ist die exoterische Leseweise, der man mit viel Gewinn folgen kann und die einem zahlreiche Einblicke in die Gestaltung des äußeren Lebens gewährt.

Doch wir können auch mit dem Uhrzeigersinn lesen: Dann beginnen wir mit den Fischen, gehen weiter über Wassermann, Steinbock, Schütze etc. und enden schließlich bei Stier und Widder. Diese Zählweise betrachte ich als esoterischen Weg[5]; er eröffnet uns einen anderen, tieferen Blick auf die Welt und auf ihren Sinn.

Beschreiten wir ihn, so starten wir mit Fische, Wassermann und Steinbock. Diese drei bilden eine Einheit, denn es sind die Zeichen des vierten Quadranten. Während die anderen drei (Quadrant 1: Widder, Stier, Zwillinge; Quadrant 2: Krebs, Löwe, Jungfrau; Quadrant 3: Waage, Skorpion, Schütze) unsere alltäglichen Lebenswelten repräsentieren, ist dieser der Bereich des Transzendentalen.

Laut Bibel ist dies der Ort der Schöpfung und des Sündenfalls. Das Fische-Zeichen repräsentiert den Urzustand des Paradieses, den Garten Eden, in dem die Einheit der Dinge noch gegeben ist[6]. Hier lebten Adam und Eva, die von Gott geschaffenen ersten Menschen, in völliger Harmonie mit der Schöpfung.

Im Paradies befindet sich auch der Baum der Erkenntnis von Gut und Böse; ein Gewächs, das uns zum nächsten Zeichen führt – dem Wassermann. Er symbolisiert Auflehnung und Rebellion, aber auch die Einsichten, die dank ihm gewonnen werden. Gottes Gebot ist nun, dass Adam und Eva unter keinen Umständen von ihm essen dürfen. Doch sie widersetzen sich, angestiftet von der plutonischen Schlange[7], in die sich der gefallene Engel Luzifer

[5] Der Begriff Esoterik stammt vom griechischen *esoteros* (der Innere) ab, im Gegensatz zu *exoteros* (der Äußere).

[6] Das taoistische Yin-und-Yang-Zeichen erinnert nicht zufällig an das Fische-Symbol: Zwei miteinander verbundene Fische, die in entgegengesetzte Richtungen schwimmen, sich jedoch optisch ergänzen.

[7] Obwohl eigentlich ein Repräsentant des dritten Quadranten (als Herrscher über Skorpion), hat Pluto sich hier eingeschlichen. Ähnlich wie sich auch der Himmelskörper Pluto im Bereich der Planeten nach Jupiter befindet, obwohl er eigentlich – im Sinne der Tierkreisabfolge – dort nicht hingehört.

inkarnierte, und essen den Apfel vom Paradiesbaum. Zwar verstoßen sie damit gegen Gottes Gebot, doch erlangen sie auch Erkenntnis.

Daraus resultiert die Vertreibung aus dem Paradies, und die Menschen werden in den Staub der Erde geworfen, wo sie fortan ihr Dasein fristen. Dieser Bereich, die harte irdische Existenz, ist das Refugium von Saturn. Hier herrscht das Gesetz des Karma, dessen Herr er ist.

Den Abfall von der ursprünglichen Einheit und die Sehnsucht, in diese zurückzukehren, finden wir in zahlreichen Glaubensvorstellungen und Weltreligionen, nicht nur im Juden- und Christentum.

Im Taoismus etwa, der chinesischen Weisheitslehre, ist das Tao der Welturgrund, in dem alle Unterschiede und Polaritäten aufgehoben sind. Doch auch dieser paradiesische Zustand wird durch einen Sündenfall zerstört: Eines Tages erheben sich die Menschen zu »falschen Weisen« und beginnen den Dingen Namen zu geben, machen damit die ursprüngliche Ordnung zunichte. Sie avancieren somit zu eigenständigen, aber auch zu selbstsüchtigen Charakteren, die die Fähigkeit verlieren, sich in die Eintracht zu fügen. Der Weg zurück (Tao heißt »der Weg«) führt über Eigenschaften wie Schweigen, Versenkung und Einsamkeit; dadurch können die Begierden und Lebenstriebe überwunden werden, aus denen alles Leid in die Welt fließt.

Der Schmerz des Prometheus

Begeben wir uns zurück zur griechischen Mythologie, so entdecken wir das gleiche Geschehen, aber akzentuiert und in neue Worte gekleidet, in einer anderen Geschichte, nämlich im Mythos von Prometheus. Auch hier geht es um Auflehnung und um den Abfall von der Göttlichkeit.

Die Griechen, vor allem Homer (ca. 800 v. Chr.), aber auch Hesiod, erzählen Folgendes: Prometheus aus dem Geschlecht der

Titanen ist der Sohn von Iapetos und Bruder des Epimetheus. Prometheus kann mit »listiger Planer« oder mit »Vorausdenker« übersetzt werden.

Die Göttin Athene lehrt ihn Astronomie, Architektur, Medizin, Mathematik sowie zahlreiche weitere Kulturtechniken. Auch gilt er als Schöpfer des Menschengeschlechts: Er formt die ersten Menschen aus Lehm, d.h. aus der Substanz des Saturn. Athene wiederum haucht ihnen den Lebensatem ein.

Prometheus ist ein Kulturstifter und gibt den Menschen sein Wissen weiter: Er unterrichtet sie in Astrologie, Architektur und Navigation. Doch er ist – Nomen est Omen – auch listenreich, was sich darin zeigt, dass er Jupiter um ein Opfertier betrügt und es den Menschen überlässt. Um das Fleisch zu braten, ist allerdings ein weiterer Raub notwendig, der des Feuers. Prometheus entwendet es dem Sonnenwagen des Helios, versteckt es in einem hohlen Fenchelhalm und überbringt es den Menschen.

Der Raub gelingt, doch Jupiter platzt der Kragen: Er lässt Prometheus – durch den Schmiedegott Vulcan (griech.: Hephaistos) – an den Gipfel des Kaukasus ketten. Außerdem kommt jeden Tag ein Adler – Symboltier des Jupiter – und frisst von der Leber des Prometheus. Des Nachts wächst sie wieder nach. Eigentlich soll diese Strafe 30.000 Jahre dauern, doch sie endet bereits in der 13. Generation.

Prometheus' Retter ist Herkules, der Sohn des Jupiter, der mit einem Pfeil den Adler vom Himmel holt. Der Vogel ist zwar tot, doch Prometheus noch nicht erlöst. Dies erfolgt erst durch den weisen Zentaur Chiron, der an einer unheilbaren Wunde leidet und sich nach Sterblichkeit sehnt. Er nimmt den Platz des Titanen ein, nimmt dessen Leid auf sich und stirbt. Prometheus trägt fortan einen Ring, geschmiedet aus dem Fels des Kaukasus, der ihn an seine früheren Fesseln erinnern soll.

Prometheus ist ein Sinnbild des Menschen. Als dieser lehnt er sich gegen den göttlichen Vater auf, stiehlt das Feuer und wird dafür bestraft. Wir finden hier den Dreischritt des vierten Quadranten wieder: Aus der ursprünglichen Einheit mit Gott (als Titan ist

Prometheus ein Verwandter von Jupiter), repräsentiert durch das Zeichen Fische, erfolgt Auflehnung (Wassermann) und schließlich die Bestrafung dafür (Steinbock). Prometheus muss für seinen Frevel (Wassermann) die Konsequenzen tragen (Steinbock). Die Strafe ist die Verbannung in unsere materielle Welt; im Mythos symbolisiert durch das Anketten an den Felsen, der einen Hinweis auf die saturnische Realität darstellt.

Symbol des Menschen

Interessanterweise ist es der Pferdemensch Chiron, der Prometheus erlöst – er ist nicht nur ein Verweis auf das folgende Zeichen Schütze, das uns in den dritten Quadranten führt, sondern auch Repräsentant des Saturn/Uranus-Prinzips. Denn Chiron zieht seine Bahnen zwischen beiden und ist 1977 zur Zeit eines Saturn/Uranus-Quadrats entdeckt worden, sodass seine Mitwirkung sicherlich kein Zufall ist[8]. Chiron nimmt das Joch des Prometheus auf sich, so wie Jesus Christus das Kreuz des Menschseins getragen hat. Beide opfern sich und tragen damit zur Erlösung bei.

So entpuppen sich Wassermann und Steinbock als die eigentlichen Zeichen des Menschen. Nicht ohne Grund hat das Wort human (»menschlich«) dieselbe sprachliche Wurzel wie Humus, Erde, und verweist somit auf das Erdzeichen Steinbock. Ebenso wie das englische Wort *humble* (»demütig«), das gleichsam auf Steinbock/Saturn hindeutet und auf die demütige Anerkennung unserer Herkunft und Schuld. In der biblischen Schöpfungsgeschichte sagt Gott zu Adam: »Denn von der Erde bist du genommen und zur Erde kehrst du zurück.« (Genesis 3,19)

In beiden Zeichen aufgehoben ist somit die Empörung gegen die göttliche Ordnung und der Sturz aus dem Paradies, mitsamt der

[8] In der Transpersonalen Astrologie nach Michael Roscher (1960–2005) wird Chiron als Herrscher über den Tierkreisbereich 29° Steinbock bis 1° Wassermann betrachtet, was die Verbindung zu diesem Thema unterstreicht.

unsanften Landung auf einem Staubklumpen namens Erde, wo wir im Schweiße unseres Angesichts den Weg zurück zum Garten Eden finden müssen.

Die klassische Zuordnung von Saturn als Herrscher beider Zeichen (Steinbock *und* Wassermann) kündet noch von solchen Zusammenhängen, von einer Allianz aus Auflehnung und Schuld. Mit der Entdeckung des Uranus 1781, im Vorfeld der Französischen Revolution, einer Art historischem Sündenfall, wurde nicht nur das traditionelle Zuordnungsschema der Astrologen zerbrochen, sondern auch eine Differenzierung vollzogen, die es uns einfacher machen könnte, die Geschehnisse »vor der Zeit« zu verstehen und in unser Menschsein zu integrieren.

Der Vergleich mit dem Alten und dem Neuen Testament drängt sich auf: Mit Jesus Christus ist ebenfalls das Neue in die Welt gekommen, ohne dabei das Alte (Gott Jahwe) vollständig zu ignorieren. Aber statt Moses' Gesetzestafeln, in Stein gehauene Karma-Wegweiser, überbrachte Christus eine Botschaft der Liebe und die Verheißung auf die Erlösung von den irdischen Fesseln.

Uranus in Stichworten

Tierkreiszeichen	Wassermann
Hausentsprechung	Haus 11
Tarot-Karte	Der Stern
Farben	Himmelblau, Violett
Tiere	Vogel; Schmetterling; Flamingo
Pflanzen	Lärche; Mistel; Spargel; Thymian
Berufe	Erfinder; Ingenieur; Computerfachmann; IT-Experte; Ökologe; Künstler; Astronom; Astrophysiker; Astronaut; Pilot; Revolutionär; Zukunftsforscher; Astrologe; Science-Fiction-Autor; UFO-Forscher; Sozialreformer; Entwicklungshelfer; Satiriker; Kabarettist; Comedian; Karikaturist; Comiczeichner; Cartoonist
Kunst	Abstrakte Malerei; Konzeptkunst; Webdesign; Videokunst; Komödie; Episches Theater (Brecht); Science-Fiction; Computerspiel; Graffiti; Collage; Comic; Satire
Aufenthaltsorte	Im Elfenbeinturm; im Forschungslabor; über den Wolken – geistig und körperlich: im Luftschloss der Gedanken; im Flugzeug; als Astronaut im Weltall
Archetyp	der Narr; der Rebell; der »Mad Scientist«
Schlüsselworte	Freiheit; Unabhängigkeit; Loslösung; Entbindung; Revolution; Unruhe; Veränderung; Opposition; Dualität; Fortschritt; Avantgarde; Spannung; Zukunftsschau (Prophezeiungen, Mantik); Antizipation; Intellekt; Überraschung; Umpolung; Inspiration; Humor; Exzentrizität; Extravaganz; Distanz; Abstraktion; Technik; Erfindungsgabe; Einfallsreichtum; Idealismus; Neutralität; Gruppenzwang; Snobismus; Hochmut

Uranus – Befreiung und Aufbruch

Eine Weltkarte, auf der Utopia nicht verzeichnet ist, wäre nicht wert, dass man einen Blick auf sie wirft, denn sie lässt ein Land aus, in dem die Humanität immer landet. Und wenn die Humanität dort gelandet ist, sieht sie sich um, und wenn sie ein besseres Land entdeckt hat, setzt sie wieder Segel und sticht in See zu jenem besseren Land.

-Oscar Wilde-

Lockruf der Freiheit

Entschlossen gleitet der Knabe durch die Luft. Golden glänzt die Sonne auf seinen Schwingen; sie sind geformt aus Wachs und thronen auf seinem Rücken. Unter ihm erstreckt sich das Meer, über ihm brütet die Sonne. Er genießt Wind und Freiheit, denn er ist einem Gefängnis entkommen.

Das Gefängnis heißt Kreta. Hier hatte einst Daidalos, sein Vater, dem König Minos ein Labyrinth gebaut. Es wurde Vater und Sohn zur Falle: Denn Minos ließ die beiden nicht ziehen, wie er es versprochen hatte. Stattdessen hielt er Daidalos und den Sohn im Labyrinth gefangen. Doch eines Tages ersann der Tüftler einen Plan: Flügelpaare aus Vogelfedern und Wachs sollten Ikarus und ihm zur Flucht verhelfen.

Und der Plan gelang – doch nur solange sich der Sohn an die Mahnungen des Vaters hielt: Als er im Übermut der Sonne zu nahe kommt, da schmelzen die Flügel und der Jüngling stürzt in die Fluten.

So weit der Mythos von Ikarus. Der tollkühne Flieger ist keine reale Person – Ikarus ist Mythos, Archetyp, Seelenbild. Und sein wahrer Vater ist nicht Daidalos, sondern der Himmelsgott Uranus.

Märchen

In unserer Zeit verschwinden die Mythen immer mehr. Das Thema, von dem Ikarus erzählt, besteht jedoch fort. Es ist das Thema von der Auflehnung gegen die göttlichen Gebote und dem darauffolgenden Fall. Es ist das Thema von Hochmut und Hybris; es ist das Thema von Uranus.

Es scheint auch auf im Märchen VOM FISCHER UND SEINER FRAU, das ebenfalls von einem ikarushaften Absturz erzählt: Einem armen Fischer geht ein zauberkräftiger Butt in die Falle. Dieser gewährt ihm einen Wunsch, doch der genügsame Mann lehnt ab.

Seine Frau ist nicht so bescheiden: Erst wünscht sie sich eine neue Hütte, danach verlangt sie König, Kaiser und schließlich sogar Papst zu werden. Erst als sie sich wünscht, Gott zu sein, nimmt ihr Höhenflug ein Ende: Sie und ihr Mann sitzen wieder in ihrem alten Pisspott am Meer.

Auch in dieser Geschichte finden wir den uranischen Anspruch, dem Himmel so nah wie möglich, ja, wie Gott selbst zu sein, sowie die anschließende Bestrafung dafür.

Wassermann ist das elfte Zeichen im Tierkreis, mit dem Urzeigersinn ist es das zweite: Damit ist es das Zeichen der Teilung, das Symbol der Abspaltung von der Einheit; es folgt dem Fische-Zeichen, das diese symbolisiert.

Die Wassermannzeit erstreckt sich vom 20. Januar bis zum 19. Februar; wir bringen sie in Verbindung mit Humanität, Menschenfreundlichkeit, Fortschrittsglauben, Zukunfts- und Technikbegeisterung, aber auch mit Sprunghaftigkeit, Weltfremdheit und Bindungsängsten.

Adam Kadmon

Im Märchen VOM FISCHER UND SEINER FRAU wünscht sich Ilsebill, die Frau des Fischers, zu sein wie Gott und scheitert daran grandios. Am Ende steht sie wieder mit leeren Händen da.

Nun wäre es allerdings nicht richtig, die Möglichkeit, gottgleich zu sein, lediglich als Vermessenheit und Hybris abzutun. Denn auf geheimnisvolle Art und Weise liegt im Wassermann nicht nur das Potenzial und die Aufforderung begründet, sich Gott anzunähern, sondern auch, ihm gleich zu werden. So weiß die jüdisch-spirituelle Philosophie (Kabbala) von Adam Kadmon zu berichten, den Arthur Schult (1893–1969) mit dem Wassermann in Verbindung bringt:

> Der Wassermann wurde in der romanischen Kunst noch als der Ur-Mensch, als der große Adam Kadmon dargestellt, der selber noch androgyn ist und Adam und Eva in sich begreift.[9]

Adam Kadmon gilt als Urbild des Menschen, womit die Nähe zur ursprünglichen Einheit angedeutet ist, die irgendwann zerstört wurde. Die kabbalistische Mystik weiß auch zu berichten, dass Adam Kadmon auf ein fernes Ziel des Menschen verweist, auf das Vermögen, eines Tages erneut in die Einheit einzugehen. In diesem Zusammenhang sei an das Jesus-Wort erinnert: »Ihr sollt vollkommen werden, wie euer himmlischer Vater vollkommen ist« (Matthäus 5,48). Der Wassermann balanciert somit stets auf dem schmalen Grat zwischen Höhe und Tiefe. Der Volksmund drückt dies so aus: »Genie und Wahnsinn liegen nah beieinander.«

Utopia

Zum Wassermann, dem Zeichen der Spaltung, gehört auch die Suche nach einer besseren Welt, worin sich die Sehnsucht nach dem verlorenen Paradies verbirgt: Den Menschen, aus dem Paradies hinausgeworfen, treibt es, durch Irrungen und Wirrungen, zurück Richtung Heimat.

So ist der Blick des Uraniers gern auf die Zukunft gerichtet, auf ein besseres, schöneres Morgen, das ihm einen Abglanz des Gartens Eden zu schenken vermag. Eine Reihe prominenter Utopisten und Science-Fiction-Künstler soll dies illustrieren:

[9] Arthur Schult: *Astrosophie.* Bietigheim 1994. S. 385f.

Thomas Morus (1477–1535), Autor von UTOPIA (1516), ist unter Sonne und Merkur im Wassermann-Zeichen geboren, wobei sich die Sonne zusätzlich im Quadrat zum Uranus befindet. In dem Buch, das einer ganzen Literaturgattung den Namen geschenkt hat, beschreibt er eine Insel, auf der sich eine (fast) perfekte Gesellschaft gebildet hat.

Betrachtet man Morus' fiktiven Reisebericht genauer, so entpuppt er sich allerdings nur aus damaliger Perspektive als fortschrittlich. Auf Utopia besteht nämlich ein rein patriarchales System, bei dem die Frauen den Männern gehorchen, die Jüngeren den Älteren. Die 200 Staatslenker werden von 30 Familien gewählt. Oberhaupt ist ein Präsident, der auf Lebenszeit gewählt wird. Ferner sind alle Einwohner zur Arbeit verpflichtet, auch die Kinder. Für besonders schwere Arbeiten greift man auf Sklaven zurück. Bedenkt man zudem, dass auf Utopia Gemeinwirtschaft herrscht und Geld nicht existiert, so kann Morus' Text tatsächlich als Blaupause für kommunistische Visionen dienen, allerdings auch mit all den Entgleisungen, die diese Staatsform hervorbringen wird.

Uranus ist auch Indikator für Gleichmacherei, sei sie edlen oder niederen Motiven entsprungen: So gibt es auf Utopia eine Einheitskleidung und zahlreiche Verbote, natürlich nur zum Schutz der Bürger, etwa vor Glücksspielen, Wirtshäusern, Bordellen und Astrologie (sic!).

Ebenfalls Sonne und Merkur in Wassermann (und vermutlich den Aszendenten) hatte Francis Bacon (1561–1626), seines Zeichens englischer Staatsmann und Philosoph. In seinem Text NEW ATLANTIS, 1627 posthum veröffentlicht, erzählt auch er von einer Insel. Sie heißt nicht Utopia, sondern Bensalem, aber auch sie ist Prototyp einer künftigen Gesellschaft: Eigentum ist hier gerecht verteilt, um die Armut zu lindern. Den Zentralpunkt des Staates bildet ein wissenschaftliches Forschungszentrum, das den Namen *Salomons Haus* trägt.

Zu den literarischen Vertretern der Utopie zählen ferner Jules Verne (1828–1905), J.-H. Rosny der Ältere (1856–1940) und Herbert George Wells (1866–1946).

Jules Verne (Sonne, Merkur und MC in Wassermann; Uranus auf 29° Steinbock) hat in visionärer Vorausschau zahlreiche technologische Neuerungen vorweggenommen – U-Boote, Luftfahrzeuge, Supergeschütze und die Reise zum Mond. Er hat über 100 Romane geschrieben, die in 133 Sprachen übersetzt worden. Zu seinen bekanntesten Werken zählen DIE REISE ZUM MITTELPUNKT DER ERDE (1863), (1865), ZWANZIGTAUSEND MEILEN UNTER DEM MEER (1870) und ROBUR, DER EROBERER (1886).

Ungleich weniger bekannt, ist Vernes Zeitgenosse J.-H. Rosny der Ältere (Sonne, Merkur und Chiron in Wassermann). In seinen – heute fast vergessenen – Erzählungen, schildert er Begegnungen mit Außerirdischen, aber auch eine ferne Zukunft. Zudem prägte er den Begriff Astronaut und hat mit seiner Geschichte LA GUERRE DU FEU (1909) die Vorlage für den Film AM ANFANG WAR DAS FEUER (1981) geliefert.

H. G. Wells hat den Mond und den Aszendenten in Wassermann. Der überzeugte Sozialist und Befürworter eines Weltstaats ist durch Romane wie DIE ZEITMASCHINE (1895), DIE INSEL DES DR. MOREAU (1896), DER KRIEG DER WELTEN (1898), DIE ERSTEN MÄNNER IM MOND (1901) und JENSEITS DES SIRIUS (1905) bekannt geworden. In DR. MOREAU warnt Wells vor den Gefahren der Gentechnik: Dr. Moreau, ein aus England vertriebener Arzt, unternimmt auf einer abgelegenen Insel grausame Experimente – durch Operationen und brutale Zuchtauslese erschafft er hybride Tiermenschen. Sein Ziel ist es, einen perfekten Übermenschen zu schaffen, der gleichsam über animalische Kräfte verfügt. Doch am Ende fallen die Geschöpfe über ihn her und zerstören seine Forschungsstation.

Die vielleicht einflussreichsten Science-Fiction-Autoren neuerer Zeit sind Ray Bradbury (1920–2012) und Philip K. Dick (1928–1982). Bradbury hat das Zeichen Wassermann im ersten Haus eingeschlossen, sowie eine Sonne/Uranus-Opposition und den Mond im elften Haus. Bekannte Bücher von ihm sind DIE MARS-CHRONIKEN (1950), DER ILLUSTRIERTE MANN (1951) und FAHRENHEIT 451 (1953). Letzteres ist 1966 von François Truffaut (1932–1984;

Sonne, Mond, Merkur und Mars in Wassermann) verfilmt worden. DIE MARS-CHRONIKEN hat 1979 Michael Anderson (1920–2018; Sonne und Merkur in Wassermann) als TV-Serie adaptiert.

Bei Dick befinden sich Mond und Venus im Wassermann-Zeichen, obendrein im elften Haus; außerdem steht sein Uranus direkt am Aszendenten. Zu seinen bekanntesten Werken zählen DAS ORAKEL VOM BERGE (1962) und LSD-ASTRONAUTEN (1965). Er schuf außerdem die literarischen Vorlagen zu Filmen wie BLADE RUNNER (1982), TOTAL RECALL – DIE TOTALE ERINNERUNG (1990) und MINORITY REPORT (2002).

Im 20. Jahrhundert verlagerte sich die Beschreibung von Zukunftsvisionen mehr ins Kino. Pionier des Science-Fiction-Films war der Franzose Georges Méliès (1861–1938) – er hatte Venus und Chiron in Wassermann sowie eine Sonne/Uranus-Opposition im Horoskop. Mit Filmen wie DIE REISE ZUM MOND (1902) bannte er um die Jahrhundertwende atemberaubende Zukunftsträume auf die Kinoleinwand. Bei Gene Roddenberry (1921–1991), dem Erfinder von STAR TREK (Raumschiff Enterprise), finden wir eine Mond/Uranus-Konjunktion, bei George Lucas (* 1944), Schöpfer der STAR-WARS-Saga, steht der Mond im Wassermann-Zeichen.

Das Dorf

So verwundert es nicht, dass auch Karl Marx (1818–1883) mit dem Aszendenten in Wassermann (und mit Uranus in Haus zehn) geboren ist. Er träumte ebenfalls von einer besseren Gesellschaft und gilt als Begründer des modernen Kommunismus. Wassermann/Uranus-Betonungen sind bei Revolutionären sowie Vordenkern neuer Gesellschaftsformen tatsächlich – wie bei den literarischen Utopisten – reichlich vorhanden: So hat Maximilien Robespierre (1758–1794) einen Wassermann-AC mitsamt Uranus in Haus eins, Lenin (1870–1924) und Fidel Castro (1926–2016) den Mond im Wassermann, Che Guevara (1928–1967) Uranus in Haus eins.

Die Vision einer vollkommenen Gesellschaft liegt also in Uranus begründet. Er ist der erste Formenschaffer überhaupt gewesen; mit ihm kam der Drang in die Welt, etwas aus ihr zu machen. Doch seine Schöpfungen gefielen ihm nicht, sodass er sie in die Unterwelt verbannte. Sich mit der Realität (Saturn) abzufinden, ist nicht seine Stärke. Sie erscheint ihm oft banal, hässlich und nicht perfekt genug.

Das Uranus-Prinzip spiegelt sich in allen Revolutionen der Weltgeschichte wider: Im Kampf gegen ein herrschendes System, dann im Aufbau einer neuen Gesellschaft und schließlich in der Wandlung zum totalitären System, da man Andersdenkende ausschalten muss, will man das Neue bewahren.

Der Film THE VILLAGE – DAS DORF (2004) von M. Night Shyamalan (* 1970) beschreibt diesen Vorgang in allegorischer Form: Eine Dorfgemeinschaft lebt fernab der Zivilisation. Um das Dorf befindet sich ein Wald, der von monströsen Kreaturen bevölkert ist. Daher dürfen ihn die Bewohner – auf Anordnung der Ältesten – nie betreten.

Eines Tages wagt sich eine junge Frau hinaus und entdeckt, dass die Kreaturen lediglich Mummenschanz sind, der von den Ältesten inszeniert wurde. Am Ende entpuppt sich das Dorf als Zufluchtsort zivilisationsmüder Menschen, die vor der Gewalt und Kriminalität der Großstadt geflohen sind. Um den friedlichen Status quo aufrechtzuerhalten, haben sie die Geschichte der bösen Kreaturen erfunden und so ihre perfekte, kleine Welt geschaffen.

Der Film schildert den Abfall von der Gemeinschaft, in diesem Fall einer Großstadt, dem der Aufbau einer neuen Welt folgt (Uranus). Aus Kritik und Auflehnung erwächst der Wunsch nach einer autarken Gemeinschaft, die sich jedoch davor schützen muss, erneut in barbarische Großstadtsitten zurückzufallen.

Um dies zu verhindern, bedienen sich die Dorfältesten der angsterzeugenden Scharade mit den Ungeheuern, die angeblich jeden anfallen, der sich in den Wald begibt. So wie sich Revolutionen gerne in totalitäre Staaten verwandeln, um ihre Ideen intakt zu halten, so mutiert das Dorf zu einem Hort der Angst.

Astrologisch können wir übersetzen: Uranus erschafft seine

Kinder, an denen er immer wieder, Despoten gleich, herumexperimentiert, bis er – symbolisiert durch seinen Sohn Saturn – den scheinbar perfekten Zustand erschafft. Jedoch um den Preis des Stillstands und der Resignation.

Am Ende von THE VILLAGE löst sich ein Mitglied von der Gemeinschaft und stößt in die Zivilisation vor, was unweigerlich das Ende des Dorfes in seiner jetzigen Form zur Folge hat – so wie auch Saturn eines Tages von seinem Sohn Jupiter gestürzt wird, der Kreislauf sich also erneut in Gang setzt.

Diktator Wassermann

Aus dem bisher Gesagten sollte klar werden, dass Uranus/Wassermann kein einfaches Thema ist. Gegen die unter Astrologen und Esoterikern weitverbreitete Meinung, dass es sich dabei um ein positives, soziales und menschenfreundliches Prinzip handelt, sprechen der Mythos, aber auch die zahlreichen Verstrickungen von Uraniern in diktatorische Geschehnisse.

Uranus erweist sich vielmehr als misstrauischer, kontrollsüchtiger Machtmensch, der den Status quo eher bewahren denn verändern will. Tatsächlich steckt auch hinter manchen New-Age-Hoffnungen bezüglich des Wassermannzeitalters eine Menge illusionär-sozialromantischer Kitsch, der sich so sicher nicht bewahrheiten wird.

Uranus offenbart sich, und da ist er Saturn recht ähnlich, als widersprüchliche Gottheit, die mit den lichten Seiten des Wassermann-Zeichens wenig am Hut hat. Heinz Fidelsberger (1920–2007) notiert z.B. über den Wassermann:

> Wassermanngeborene lassen sich nicht gerne unterdrücken, sie lieben immer einen gewissen Freiheitsraum, so ganz wollen sie nicht – bei allem Gemeinschaftsstreben – in einer Gemeinschaft aufgehen. Sie können dank ihrer meist hervorragenden geistigen Fähigkeiten sehr leicht in eine führende Position aufsteigen, dann freilich werden sie fast ausnahmslos zu echten Tyrannen. Sie halten ihre eigenen Vorstellungen, ihre eigenen Gedanken

für absolut richtig und sehen keinen Grund ein, warum man sich dagegenstellen könnte. Das, was sie gedanklich erfasst haben, die Weltanschauung, die sie sich gebildet haben aus einer meist sehr großen Zahl von Wahrheiten in allen Größenordnungen, diese Weltanschauung ist richtig. Wehe dem, der sie nicht akzeptieren kann.[10]

Uranus/Wassermann ist das Symbol des Menschen, des aus der paradiesischen Einheit gefallenen Individuums – und zum Menschsein gehört das Problem der Macht. Nicht umsonst ist Wassermann ein fixes Zeichen.

Und Wassermann ist ein altes Herrschaftszeichen. Da es in Opposition zum Löwen steht, neigen wir dazu, auf den Wassermann die rebellischen und antiautoritären Seiten dieser Tierkreisachse zu projizieren. Doch gegenüberliegende Zeichen streben immer nach Vereinigung, und so wie der Löwe im Lauf der Zeit seine soziale Kompetenz zu entdecken hat, so sehnt sich der Wassermann nach Macht und Stärke. Außerdem scheint für manche Uranier zu gelten: In welcher Position lassen sich Unabhängigkeit und Freiheit, klassische Wassermannthemen, besser leben als in der des Alleinherrschers?

Schöpfergott

Wie ein Allround-Künstler, der, besessen von seiner Arbeit, durchs Atelier wirbelt, schafft Uranus neue, bizarre und seltsame Gestalten. Sein Mythos veranschaulicht damit das kreative Potenzial, das ihm innewohnt. Nicht umsonst ist Löwe-Wassermann die Kreativitätsachse im Tierkreis. Überall dort, wo Neues erschaffen wird, und sei es nur durch die Kombination von bereits Vorhandenem, ist Uranus am Werk: Der kreative Mensch verwandelt sich während eines Geistesblitzes sozusagen in einen Mini-Uranus, der lustvoll Mutter Erde begattet. Was seine titanischen Schöpfungen danach treiben, ist ihm zunächst egal. In unserer Welt drängt sich der Vergleich zu Forschern auf, die die Risiken ihrer Entdeckungen nicht

[10] Heinz Fidelsberger: *Schicksalswende* 1989. Salzburg 1981. S. 70.

abschätzen – eine Thematik, die Friedrich Dürrenmatt in DIE PHYSIKER (1962) veranschaulicht hat.

In der Popkultur wird Uranus durch den genialen, aber weltfremden Erfinder verkörpert. Professor Bienlein aus TIM UND STRUPPI gehört diesem Kreis an[11], ebenso der Graf von Rummelsdorf aus SPIROU UND FANTASIO, Dr. Zarkov aus FLASH GORDON und natürlich Daniel Düsentrieb aus Entenhausen. Dass die Uranus-Vertreter gerne in Gestalt weiser Mentoren dem jugendlichen Helden (Löwe) zur Seite stehen, die sich dann dank deren Erfindungen ins Abenteuer stürzen, unterstreicht einmal mehr die heimliche Nähe der Oppositionszeichen im Zodiak.

Uranus und der Schmerz

Uranus, der potente Schöpfergott, der schließlich kastriert wird, weist auch einen sexuellen Aspekt auf. Dies wird deutlich am Uranus-Zeichen, das an das Mars-Symbol erinnert, somit einen Bezug zum Phallus hat – ferner an Begriffen wie »vögeln« (Vogel = Uranus-Symbol).

Tatsächlich äußert sich Uranus bisweilen im Bild des leichtfüßigen Schürzenjägers, was wiederum den kastrierenden Saturn auf den Plan ruft. Uranus als frivolen Freigeist, der von saturnischer Entmannung bedroht ist, beschreibt Erich Bauer (* 1942):

> (…) in der Gestalt einer Uranus-Person lebt immer auch etwas vom Mythos des griechischen Uranos (…) Uranus-Personen leben also gefährlich. Die meisten Männer über vierzig sind ohnehin bereits entmannte Uraniker, seelisch verkrüppelte Männer, die sich im Lebensspiel zu weit vorgewagt und damit den Zorn der Frauen auf sich gezogen haben.[12]

[11] Für den ebenso genialen wie schwerhörigen Professor Bienlein stand der Wissenschaftler Auguste Piccard (1884–1962) Pate, in dessen Horoskop sich Sonne und Mond im Wassermann befinden. Vgl. Michael Farr: *Auf den Spuren von Tim & Struppi*. Hamburg 2006. S. 105 ff.

[12] Erich Bauer: *Die Kraft der Ahnen. Familienschicksal im Horoskop*. München 2002. S. 56.

Überhaupt haben Uranus und Prometheus einen starken Bezug zum Schmerz: Uranus wird entmannt, Prometheus mit schweren Ketten an den Kaukasus gefesselt, wo ihn ein Adler besucht und täglich von seiner Leber frisst.

Analog dazu finden sich bei Uranus- und Wassermann-Nativen häufig Verletzungen, die aus der Kindheit stammen. Ausgelöst werden sie durch den plötzlichen Entzug vertrauter Personen. Dieses Verlassenwerden löst Verunsicherung und Misstrauen aus.

Im Erwachsenenalter entwickelt sich dann die Strategie, möglichen Trennungen vorzubeugen, indem man selber die Verbindung löst. Manchmal noch bevor sie richtig begonnen hat. Dies ist der Grund für die Sprunghaftigkeit, Unverbindlichkeit und Beziehungsangst der Uranier: Ihre immense Angst, verletzt zu werden.

In der Kompensation gibt sich der Uranier ein heiteres, unbeschwertes Image, ist zu Witzen aufgelegt und springt von einer Situation zur nächsten: Innerlich immer auf der Hut, sich bloß nicht festzulegen, um nicht wieder in der Falle zu sitzen und einem potenziellen Trennungsschmerz ausgesetzt zu sein. Dieser scheinbar leichtlebige Charakter rückt ihn in die Nähe des »ewigen Jünglings« (Marie-Louise von Franz, 1915–1998). Zugleich ähnelt er in vielen Zügen dem hedonistischen »Epikureer«, dem siebten Charaktertyp des Enneagramms[13].

Bei manchen Uraniern findet sich zudem folgendes Phänomen, das an den Prometheus-Mythos erinnert: Sie wirken ungemein inspirierend auf ihre Mitmenschen und motivieren diese, aktiv und kreativ zu werden. Selbst jedoch können sie die Früchte ihrer Genialität nicht genießen, verzetteln sich, verfallen dem Besonderheits- und Größenwahn oder verlaufen sich (insbesondere bei zusätzlicher Neptunbetonung) in Drogenwelten. Rüdiger Dahlke (* 1951) bringt auch das Krankheitsbild des ADHS mit Uranus in Verbindung[14].

[13] Vgl. Helen Palmer: *Das Enneagramm*. München 1991.

[14] Vgl. Rüdiger Dahlke: *Aggression als Chance*. München 2003.

Saturn in Stichworten

Tierkreiszeichen	Steinbock
Hausentsprechung	Haus 10
Tarot-Karte	der Herrscher, der Eremit
Farben	grau, schwarz, indigo
Tiere	Esel; Rabe; Krähe; Schildkröte; Maulwurf
Pflanzen	Buche; Eiche; Kaktus; Bilsenkraut; Schachtelhalm; Sellerie; Efeu; Pappel; Olive
Berufe	Architekt; Stadtplaner; Philosoph; Politiker; Archäologe; Historiker; Konservator; Pädagoge; Bildhauer; Geologe; Beamter; Bestatter; Totengräber; Schornsteinfeger; Bergmann; Maurer; Straßenkehrer
Kunst	Architektur; Bildhauerei; Lithographie; Tragödie; Museum
Aufenthaltsorte	auf dem Berggipfel; als Eremit in der Wüste oder in der Berghöhle; bei der Arbeit
Archetyp	Sensenmann; Eremit; Einsiedler; weiser alter Mann
Schlüsselworte	Zeit; Karma; Gesetz; Reue; Verantwortung; Disziplin; Ehrgeiz; Struktur; Klarheit; Verdichtung; Verzicht; Askese; Kristallisation; Vertiefung; Sicherheit; Erziehung; Reife; Würde; Ernsthaftigkeit; Widerstand; Ausdauer; Beständigkeit; Durchhaltevermögen; Prüfung; Schicksal; Schuld; Hindernisse; Einschränkungen; Normen; Mahnungen; Restriktionen; Verhärtungen; Depressionen; Tod

Saturn – Konzentration und Reife

Nicht einmal die Büchse der Pandora könnte so viele Unglücksfälle und so viel Elend enthalten, als sich in dem kleinen Wort verbirgt: die Forderung der Zeit.

-Søren Kierkegaard-

Urprinzip Saturn

Auch Saturn gehört zu den zwölf Urprinzipien, symbolisiert durch die Tierkreiszeichen. Über das zehnte, Steinbock, herrscht dieser Gott. Als Hor-ka-pet (Himmelsstier) ist er im Alten Ägypten Horus zugeordnet; bei den Sumerern heißt er »Stern der Sonne«, und in der hinduistischen Astrologie nennt man ihn Shani.

Ein früherer Name für Steinbock lautet Ziegenfisch. Es ist bereits auf alten babylonischen Grenzsteinen abgebildet; ein Wesen, das aus einem Fischkörper und einem Ziegenhaupt besteht. Wir können daran nicht nur dessen Zugehörigkeit zum vierten Quadranten erkennen, da es das schöpferische Wasser des Fische-Zeichens ist, dem es entspringt, sondern auch einen Beleg für die Zählweise mit dem Uhrzeigersinn: Es sind die Amphoren des Wassermanns, aus denen das Wasser strömt. Dadurch wird deutlich, dass der Wassermann mit seiner Abspaltung von der Einheit erst die Ursache für den Ziegenfisch/Steinbock gelegt hat.

Der Ziegenfisch ist – neben der Schildkröte, einem zweiten Saturntier – Begleiter des sumerischen Gottes Enki. Dieser gilt als Erschaffer des Menschen, weist somit prometheischen Bezug auf. Außerdem ist Enki Gott der Handwerker, der Magier und der Künstler. Er wird gerne so dargestellt, dass aus seinen Schultern die Flüsse Euphrat und Tigris entspringen.

Die Zeit des Steinbocks erstreckt sich vom 21. Dezember bis zum 20. Januar. In ihr wird die Wintersonnenwende eingeleitet, der Wiederaufstieg der Sonne und damit die Neugeburt des Lichts.

In diese Zeit fällt auch unser Weihnachtsfest, an dem wir der Geburt Christi gedenken. Ursprünglich wurde Weihnachten am 25. März gefeiert, dem Frühlingsbeginn, somit der Widderzeitphase. Später wurde es auf den 6. Januar verlegt, den heutigen Tag der Heiligen drei Könige. In den Ostkirchen ist dies bis heute der Weihnachtsfeiertag. Aber auch in Portugal, Spanien und Griechenland zelebriert man dieses Datum, d.h., an diesem Tag werden die Geschenke verteilt. Im alten Ägypten wurden am 6. Januar die Geburtstage von Osiris und Aion gefeiert.

Erst im 4. Jahrhundert wurde Jesu Geburt auf den 25. Dezember verlegt. Zuvor fand zu dieser Zeit das römische Staatsfest des *Natale Solis invicti* (Geburt des unbesiegbaren Sonnengottes) statt – eine Umschreibung der Wintersonnenwende. So ist eine alte Tradition mit der neuen Religion des Christentums verknüpft worden.

Der 6. Januar, auch *Tag der Erscheinung Christi* (griechisch *Epiphanias*), fällt ebenfalls in diese Zeit. Die »Heiligen drei Könige«, die zum Geburtsort des Heilands pilgern, sind in Wahrheit Astrologen gewesen, die dem Stern von Bethlehem folgten. Vermutlich handelte es sich dabei um eine Jupiter/Saturn-Konjunktion im Fische-Zeichen – das kosmische Symbol für die Geburt Christi – und des anbrechenden Fische-Zeitalters.

Wie wir sehen, fallen bedeutsame Ereignisse in die Steinbockphase; Saturn ist somit zu Recht kardinaler Anführer des vierten Quadranten (Steinbock, Wassermann, Fische).

Lichte Seiten

Saturn hat einen denkbar schlechten Ruf. Bereits die Alten sorgten dafür, dass dieser Wandelstern in einem nicht allzu freundlichen Gesicht gezeichnet wird. So schreibt Ali ben Ragel, ein arabischer Astrologe des 11. Jahrhunderts:

Ein alter, großer, müder Planet der Verachtungen, der Pein, der Traurigkeiten und der langen Krankheiten. Seine Natur ... ähnelt der Melancholie, die von allen Emotionen beherrscht wird, und keine Emotion wird von ihr beherrscht. Er ist trocken und neidisch, sehr nachtragend, spricht wenig, will keine Gesellschaft und liebt es, einsam und abgeschieden zu sein. Er hat tiefe Gedanken und ein subtiles Gedächtnis, denkt und beachtet alte Dinge. Er hat kein schnelles Auffassungsvermögen, ist lügnerisch und verräterisch, macht Liebeszauber, Totenbeschwörungen und wunderbare Dinge.

Er ähnelt dem König der Könige, denn alle Planeten teilen ihm ihre Gedanken, ihre Naturen und ihre Kräfte mit, und er ist gemein mit den Gemeinen und verächtlich mit den zu Verachtenden ... Er wurde geschaffen durch die Kälte des Wassers und die Dunkelheit des Nebels ... Er gehorcht keinem Planeten und lässt sich von keinem führen, nur von der Sonne.[15]

In der Tat fällt es jemandem, der gerade Saturn-Transiten ausgesetzt ist, schwer, die positive Form dieses Urprinzips anzuerkennen. Dennoch ist unsere Meinung zu Saturn lediglich unserem persönlichen Standpunkt geschuldet. So schildert der Mythos auch dessen freundliche Seiten: Saturn ist hier der gütige Regent des Ackerbaus und Herrscher über das Goldene Zeitalter[16], ebenso Fürst auf den Inseln der Seligen und Erfinder der Agrikultur und des Städtebaus.

Im Goldenen Zeitalter soll Honig aus Eichen geflossen sein, für die Menschen war es das schönste überhaupt. Nach Homer lag dieser Äon etwa tausend Jahre vor dem trojanischen Krieg, als die ersten Männer aus Gold gemacht worden sind. Hesiod berichtet:

... sie lebten wie Götter mit sorgenfreiem Herzen, weit weg von Mühe und Elend. Das erbärmlich hohe Alter konnte ihnen nichts anhaben, mit

[15] Ali ben Ragel: *El Libro Conplido en los iudizios de las Estrellas*. S. 42. Zitiert nach: Rafael Gil Brand: Lehrbuch der klassischen Astrologie. Tübingen 2006. S. 153.

[16] Dem Goldenen folgen das Silberne, danach das Kupferne und zuletzt das Eiserne Zeitalter, womit der Zyklus wieder von vorne anfängt. Dieser Ablauf findet seinen Widerhall im hinduistischen Manvantara-Kreislauf der Äonen: Es beginnt im Satya-Yuga (analog dem Goldenen Zeitalter), worauf Treta-Yuga (silbern), Dvapara-Yuga (kupfern) und schließlich Kali-Yuga (eisern) folgen.

untätigen Händen und Füßen ließen sie es sich gut gehen und starben im Schlaf. Alle guten Dinge waren ihre und die Korn gebende Erde trug ihre Früchte gemäß ihrer Bestimmung in unbegrenzter Menge, während sie in aller Ruhe inmitten des Überflusses ihre Felder ernteten.[17]

Ein Bild, das sich wahrlich schwer mit dem des Kinderfressers und des einsamen, entthronten Königs verbinden lässt. Kein Wunder, dass Saturn manchem als Gott der Gegensätze erscheint, was sich symbolisch in seiner Insignie, der Sichel, verdeutlicht: Sie dient nicht nur als Waffe bei der Entmannung des Vaters, sondern ist auch Werkzeug der landwirtschaftlichen Ernte. Auch daraus wird deutlich, wie viele Gemeinsamkeiten Saturn mit seinem Vater Uranus hat.

Rüdiger Dahlke veranschaulicht die zwei Seiten des Saturn-Prinzips anhand des Saturn-Staates Israel:

Wenn Deutsche Israel bereisen, sind sie in der Regel entsetzt über die Sperranlagen und Mauern, die Israelis dort gezogen haben, schon weil sie baulich verteufelt an die Berliner Mauer und damit die Grenzanlagen der DDR erinnern. Mauer heißt für Deutsche meist Teilung, Unglück, Tod, Hindernis, Einschränkung und Behinderung des freien Willens und der Bewegungsfreiheit. Sie halten Mauerbauer schnell für schlecht und beschränkt. Juden denken hingegen beim Thema Mauer nicht zuerst an die Berliner Mauer, sondern an ihre westliche Tempelmauer, das Einzige, was ihnen vom ursprünglichen Tempel Salomons blieb, jenes Mauerstück, das ihnen so heilig ist und heute als Klagemauer bezeichnet wird. Ihre moderne Grenzmauer hat ihnen Schutz und Sicherheit gebracht, die Todesrate durch palästinensische Attentate dramatisch gesenkt, der Intifada die Spitze genommen.[18]

Saturn bedeutet somit auch Grenzsetzung und Abwehr; Themen, die für alle Menschen wichtig sind, für Saturngeprägte besonders. Schließlich signalisieren Grenzen Ordnung und Sicherheit: Sie

[17] Zitiert nach: Gregory Claeys: *Ideale Welten. Die Geschichte der Utopie.* Darmstadt 2011. S. 17.

[18] Ruediger Dahlke: *Das Buch der Widerstände.* München 2013. S. 28.

schützen ein Revier, einen Bereich, der zu uns gehört, in dem wir uns wohlfühlen und für den wir Verantwortung tragen. Grenzüberschreitungen und -konflikte, sowohl im psychischen wie auch im physischen Bereich, entstehen immer dann, wenn kein gesundes Verhältnis zum Saturnprinzip gesucht wird oder es gänzlich fehlt. Wahrnehmung und der Respekt von Grenzen sind kein Ausdruck von Spießigkeit, sondern ein Zeichen von seelischer Reife und Empathie.

Wir alle kennen Situationen aus dem Alltag, in denen Grenzen überschritten werden. Verletzungen und explosive Reaktionen sind die Folge. Auf politischer Ebene können sie gar zu Kriegen führen; und wohin uns ein grenzenloser, ungezügelter Kapitalismus geführt hat, der keine Länder- und Ethikgrenzen mehr kennt, haben uns die letzten Jahrzehnte anschaulich vor Augen geführt.

Mauern und offene Grenzen

Die Brisanz, die dem Thema innewohnt, soll an zwei Beispielen illustriert werden: Am 9. November 1989 fällt die Berliner Mauer, was Auftakt zur Wiedervereinigung Deutschlands und zum Zerfall des Ostblocks ist. Initiiert wird die Maueröffnung durch die Ballung von Saturn, Uranus und Neptun im Steinbock-Zeichen, eine äußerst seltene Konstellation.

Das Zeichen Steinbock repräsentierte damals die Grenzen zwischen Ost und West, die in Form der Berliner Mauer eine ebenso symbolische wie anschauliche Manifestation finden. Mit Uranus, dem kosmischen Sprengmeister, mit Neptun, der gern aushöhlt, sowie mit Saturn, der alles abklopft, ob es noch in die Zeit passt, sind dies herausfordernde Zeiten für das Steinbockprinzip – und das Ergebnis das historische Ereignis, das den Lauf der Welt verändert hat.

Etwa ein Vierteljahrhundert später, während der Flüchtlingskrise 2015, steht Steinbock erneut im Brennpunkt: Pluto hat mittlerweile das Zeichen betreten und versucht mit aller Macht, alles Saturnische zu untergraben und zu zerstören. Gleichzeitig, im Spätsommer

2015, befindet sich Saturn im Quadrat zu Neptun, was eine ähnliche Situation heraufbeschwört wie 1989, als Neptun zusammen mit Saturn im Steinbock-Zeichen stand. Tatsächlich lösen sich erneut Grenzen auf, Flüchtlingsströme ziehen gen Deutschland, und das Steinbock-Zeichen steht abermals auf verlorenem Posten, muss sich einer Übermacht – diesmal aus Pluto und Neptun – beugen.

In beiden Fällen symbolisiert Steinbock/Saturn das Staatsgefüge mit seinen Grenzen und sozialen Übereinkünften. Und in beiden Fällen ist Steinbock/Saturn Garant dafür, dass das System stabil bleibt[19] – seine Negierung wiederum, dass Kontrollverlust und Unsicherheit um sich zu greifen drohen. Was geschieht, wenn Saturn unter Beschuss kommt, zeigen beide Beispiele anschaulich, egal, wie man persönlich zu ihnen stehen mag.

Ringplanet

Auch astronomisch offenbart Saturn sein Grenzthema sehr deutlich: Etwa auf Höhe seines Äquators ist er von einem gewaltigen Ring aus Eis- und Steinpartikeln umgeben. Forscher nehmen an, dass dieses System aus Mikroplanetoiden von einem zerborstenen Mond stammt.

Wie bereits im Uranus-Kapitel beschrieben, besitzt auch dieser einen Ring, hat ihn jedoch bis 1977 verborgen gehalten. Beide Prinzipien sind somit Schöpfer und Gefangene der Zeit, oder wie es Nicolaus Klein (1948–2017) ausdrückt:

> Beide sind in der Zeitachse unterwegs, der Steinbock mehr gefangen von den Erfahrungen der Vergangenheit und im Korsett seiner Zukunftsprogramme, der Wassermann in seiner bizarren Welt von Zukunftsvisionen, die er ungeduldig in die dafür noch nicht bereite Gegenwart einbringen möchte.[20]

[19] Die Berliner Mauer hieß im Jargon der DDR-Nomenklatura bezeichnenderweise »Antifaschistischer Schutzwall«.

[20] Nicolaus Klein: *Glück und Selbstverwirklichung im Horoskop*. München 1997. S. 132.

Saturn ist nach Jupiter der zweitgrößte Planet unseres Sonnensystems. Zugleich ist er der letzte, der noch mit bloßem Auge sichtbar ist. Er war bereits den Babyloniern bekannt; man gab ihm dort den Namen Kajamanu (»der Beständige«), da er sich mit schleppenden Bewegungen sehr langsam am Himmel bewegt.

Saturn gilt klassischerweise als »Hüter der Schwelle«. Diese Bezeichnung erklärt sich dadurch, dass er der letzte bekannte Planet der Antike gewesen ist. Dahinter vermutete man das Chaos.

Erst 1781, mit der Entdeckung des Uranus, verlor Saturn den Status als letzter Planet des Sonnensystems. Dennoch ist der Titel »Hüter der Schwelle« heute noch angebracht, denn durch ihn wird der Bereich abgeschlossen, der von uns bewusst erfasst werden kann. Dahinter warten mit Uranus, Neptun und Pluto Himmelskörper, die einerseits sublimer, andererseits aber auch viel heftiger auf kollektiver Ebene wirken.

Herrscher der Zeit

Saturns Ringe verweisen in ihrer begrenzenden Funktion auf die Zeit, für die dieser Planet steht. Raum und Zeit sind die Baumeister dieser Welt, das Koordinatenkreuz, das unser Dasein zusammenhält.

Wir alle sind Sklaven der Zeit. Spätestens seit Beginn der Neuzeit befinden wir uns am Gängelband der Uhr: Sie ist unser persönlicher Taktgeber und Zuchtmeister, sie wird ohne Unterlass angestarrt, wir befinden uns in ihrem Korsett – und huldigen dadurch, natürlich unbewusst, dem Gott Saturn.

Doch als Bestandteil des vierten Quadranten sind Zeit und Raum lediglich die manifesten Ausformungen des Neptun- und des Uranus-Prinzips, die ja bereits vor Saturn da waren. Raum und Zeit sind das Bühnenbild, vor denen sich das menschliche Drama abspielt – nicht mehr, aber auch nicht weniger. Die indische Philosophie bezeichnet unsere Welt nicht ohne Grund als Maya, als Illusion.

Hermann Hesse (1877–1962) beschreibt in KLEIN UND WAGNER (1919) diesen Umstand in poetischen Worten:

Das einzige, was zwischen Alter und Jugend, zwischen Babylon und Berlin, zwischen Gut und Böse, Geben und Nehmen stand, das einzige, was die Welt mit Unterschieden, Wertungen, Leid, Streit, Krieg erfüllte, war der Menschengeist, der junge und ungestüme Menschengeist im Zustand der tobenden Jugend, noch fern vom Wissen, noch weit von Gott. Er erfand Gegensätze, er erfand Namen. Dinge nannte er schön, Dinge hässlich, diese gut, diese schlecht. (...) Eine seiner Erfindungen war die Zeit. Eine feine Erfindung, ein raffiniertes Instrument, sich noch inniger zu quälen und die Welt vielfach und schwierig zu machen! Von allem, was der Mensch begehrte, war er immer nur durch Zeit getrennt, nur durch diese Zeit, diese tolle Erfindung. Sie war eine der Stützen, eine der Krücken, die man vor allem fahren lassen musste, wenn man frei werden wollte.[21]

Über-Ich und Tabu

Psychologisch weist Saturn einen starken Bezug zum Über-Ich-Begriff von Sigmund Freud (1856–1939) auf, also zur introjizierten Summe aller Gebote und Verbote, die auf den Einzelnen einwirken. Ja, wir können aus seiner Position gar Ausprägung und Gestaltung des individuellen Über-Ichs ablesen: Wo Saturn im Horoskop steht, da übt es Macht über uns aus. Freud wiederum hat eine enge Beziehung zwischen Über-Ich und Tabu festgestellt.

Das Tabu beschreibt einen unsichtbaren Moralkodex, dem sich jeder zu unterwerfen hat. Es ist rational nicht hinterfragbar, besitzt fast religiösen Charakter. Freud setzt es mit dem kategorischen Imperativ von Immanuel Kant (1724–1804) in Beziehung und vergleicht es mit einer Zwangsneurose, was beides Saturn-Entsprechungen sind. Im Tabu erblicken wir die Auswirkungen des kollektiven Über-Ichs.

Auch hier die zwei Seiten einer Medaille: Saturn kann – im positiven Sinn – als Ordnungshüter und Schiedsrichter erlebt werden, der dafür sorgt, dass Gesetze ihr Recht erhalten und es nicht zu

[21] Hermann Hesse: *Klein und Wagner*. In: Traumfährte. Erzählungen. Frankfurt am Main 2006. S. 94f.

Fehlhandlungen kommt. Ein Beispiel: Im Rahmen der Familie sorgt Saturn dafür, dass die Balance aus Nähe und Distanz eingehalten wird. Erich Bauer aus seiner familiensystemischen Praxis:

> Saturn ist in aller Regel die Mutter der Mutter, seltener die Mutter des Vaters. Als Mutter der Mutter übernimmt sie eine kolossal wichtige Funktion, nämlich die Ordnung in der Familie. Insbesondere überwacht sie das Inzestverbot. Das heißt, sie sorgt dafür, dass die Emotionalität zwischen Familienangehörigen so weit kontrolliert wird, dass zwar Gefühle möglich, sogar erwünscht sind, aber dass diese Gefühle nie ausufern oder womöglich in inzestuöse Handlungen münden. Die Großmutter Saturn vertritt in ihrer Anwesenheit die Fähigkeit, die Gefühle zu kontrollieren, sie aufzuschieben, sie zu sublimieren (...) Die Großmutter Saturn übernimmt also in der Familie eine ganz ähnliche Funktion wie Saturn im griechischen Mythos.[22]

Andererseits kann Saturn auch sinnentleerte Tabus erzeugen, etwa für Konventionen stehen, die längst überholt und nicht mehr zeitgemäß sind. Saturn repräsentiert somit auch moderne Tabus, etwa Denkverbote, die im Gewand des »politisch Korrekten« daherkommen[23].

Saturn als Erlöser

Klassischerweise ist Saturn dem Judentum zugeordnet. Dies ist durch den heiligen Tag, den Samstag (Sabbat), erklärbar: Samstag ist dem Saturn geweiht, was durch den englischen Saturday (= Saturntag) deutlich wird[24]. Im Alten Testament heißt es:

> Sechs Tage darfst du schaffen und jede Arbeit tun; der siebte Tag ist ein Ruhetag, dem Herrn, deinem Gott geweiht. An ihm darfst du keine Arbeit tun: du, dein Sohn und deine Tochter, dein Sklave und deine Sklavin, dein Vieh und der Fremde, der in deinen Stadtbereichen Wohnrecht hat. Denn

[22] Bauer S. 53f.

[23] Bereits die Bezeichnung »politisch korrekt« verrät die saturnische Herkunft.

[24] Daraus lässt sich ableiten, dass der Islam eine Venus-Religion (heiliger Tag: Freitag) und das Christentum eine Sonnen-Religion ist (heiliger Tag: Sonntag).

in sechs Tagen hat der Herr Himmel, Erde und Meer gemacht und alles, was dazugehört; am siebten Tag ruhte er. Darum hat der Herr den Sabbattag gesegnet und ihn für heilig erklärt. (Exodus 20, 8-11)

Infolgedessen gilt der Sabbat als Ruhetag, an dem keine Arbeit verrichtet werden soll. Die hebräischen Wörter *šabbat* und *šabatton* sind vom Verb šbt (= aufhören, nachlassen, beenden) abgeleitet. Auch der Sonntag als christlicher Ruhetag entstammt dem Sabbatritual; er wurde allerdings auf den ersten Tag der Woche gelegt, an dem – laut Markus 16,2 – Jesu Auferstehung geschehen ist.

Da die Einhaltung des Sabbats sogar in den Zehn Geboten gefordert wird, nimmt er eine zentrale Stellung ein. Dementsprechend umfassend sind seine Regeln. So ist es beispielsweise verboten, Feuer anzuzünden, selbst wenn es der Behaglichkeit dient und nicht im engeren Sinn als Arbeit definiert wird. Und auch einfache Dinge, etwa ein Taschentuch zu tragen oder einen Grashalm aus der Erde zu ziehen, verletzen sein Gebot.

Wie ist dies zu verstehen? Erich Fromm (1900–1980) weist darauf hin, dass der Sabbat keine Vorwegnahme sozialhygienischer Ruhezeiten ist, sondern eine symbolische und sogar eine spirituelle Dimension besitzt. Fromm geht davon aus, dass es einst einen harmonischen Urzustand zwischen Gott, Mensch und Natur gegeben hat. Dieser Zustand sei jedoch – durch den biblischen Sündenfall – zerstört worden; am heiligen Sabbat wird er symbolisch erneuert. Selbst leichteste Tätigkeiten würden aber den Frieden, der an diesem Tag herrscht, stören:

Der Sabbat symbolisiert einen Zustand der Einheit zwischen Mensch und Natur und zwischen Mensch und Mensch. Indem man nicht arbeitet – d.h., indem man an dem Prozess von Veränderungen in der Natur und in der Gesellschaft nicht teilnimmt – ist man frei von den Fesseln der Zeit, wenn auch nur an einem Tag der Woche.[25]

[25] Erich Fromm: *Märchen, Mythen, Träume. Eine Einführung in das Verständnis einer vergessenen Sprache.* Reinbek bei Hamburg 1997. S. 163.

Somit ist der Sabbat ein Thema des vierten Quadranten; ein Versuch – über den Weg des Saturn –, in die ursprüngliche Einheit, ins Tao oder ins Nirwana, einzugehen. Der heilige Tag dient nicht nur der Erholung vom Arbeitsstress, sondern ist ein sakraler Moment, um das Paradies (Neptun) auf Erden (Saturn) zu verwirklichen. So heißt es im Talmud:

> Wenn ganz Israel nur ein einziges Mal zwei Sabbate nacheinander voll und ganz einhalten würde, so wäre der Messias da. (Sabbat 118a)

Erich Fromm erklärt ferner, dass der Sabbat ursprünglich ein altbabylonischer Feiertag gewesen ist: Sein Name war Shapatu und dem Saturn geweiht. An diesem Tag haben sich die Menschen gegeißelt, um den Zorn des Saturn zu besänftigen. Erst im Laufe der Zeit verändert sich der Charakter dieses Tages, man könnte auch sagen, es hat sich eine neue Strategie etabliert, Saturn zu huldigen:

> Die Babylonier suchten den Herrn über die Zeit durch Selbstkasteiung zu besänftigen. Die Bibel unternimmt mit ihrer Auffassung vom Sabbat einen völlig neuen Versuch, das Problem zu lösen: indem sie die Einmischung in die Natur einen Tag lang unterbricht, schaltet sie die Zeit aus; wenn es keine Veränderung, keine Arbeit, keine Einmischung des Menschen gibt, so gibt es auch keine Zeit. Anstelle eines Sabbats, bei dem sich der Mensch vor dem Herrn der Zeit beugt, symbolisiert der biblische Sabbat den Sieg des Menschen über die Zeit.[26]

[26] Ebd. S. 165.

Saturn/Uranus in Stichworten

Zahl	13
Farben	Pastellfarben; Metallicgrau
Tiere	Pinguin; Kolibri; Schnabeltier
Kunst und Architektur	die Gotik; das Groteske; das Absurde Theater; die Dystopie (auch Uranus/Pluto); der traurige Clown
Literatur	ONKEL TOMS HÜTTE (Harriet Beecher Stowe); DIE TAUBE (Patrick Süskind)
Filme	DAS BLUT EINES DICHTERS (Jean Cocteau); DUMBO (Walt Disney); KAMIKAZE 1989 (Wolf Gremm); MISSISSIPPI BURNING (Alan Parker)
Schlüsselworte	Reform; Aufstand; Durchbruch; Explosion; kontrollierte Sprengung; Überwindung der Schwerkraft; Flugzeugabsturz; Erdbeben; Gefängnisausbruch; Gefangenenrevolte; Achterbahn; Blockadebrecher; Schleudersitz; Konterrevolution; Bürgerkrieg; Sezession; Sklavenbefreiung; Terrorismus; Spaltung; Sozialdemokratie; Palastrevolution; Zukunftsforschung; Justizreform; Reformpädagogik; konservative Revolution; Antidepressivum (plus Neptun); Reformstau; Sollbruchstelle; Blitzableiter; Ermüdungsbruch; Multiple Sklerose; Nervenzusammenbruch; Schilddrüsenunterfunktion; Hautausschlag; Ekzem; Juckreiz; Spaltpilz; Schleudersitz; schwarzer Humor

Im Zeichen des Janus: Das Wechselspiel von Saturn und Uranus

> Die Paradoxie gehört sonderbarerweise zum höchsten Gut (...) Nur das Paradoxe vermag die Fülle des Lebens annähernd erfassen.
>
> -Carl Gustav Jung-

Janus-Mythologie

Die Verbindung von Saturn und Uranus, kurz Saturn/Uranus, findet ihren mythologischen Widerhall in Janus. Er ist einer der ältesten Götter Roms und hat keine Entsprechung in der griechischen Mythologie. Er soll sogar älter als die Kalender sein, mit denen er in enger Beziehung steht. Mit seinem Doppelgesicht, das in die Zukunft und in die Vergangenheit blickt, gilt er als Symbol der Zwiespältigkeit und der Dualität.

Janus ist der Gott des Anfangs und des Endes, der Ein- und der Ausgänge, der Türen und der Tore. Seine Beinamen sind *Geminus* (»der Doppelte«), *Biceps* («der Zweiköpfige«) und *Bifrons* »der Zweistirnige«). Alle Kalenderdaten, die Anfänge darstellen, sind ihm gewidmet. Sein Fest, das *Agonium*, wurde am 9. Januar gefeiert.

Der Sage nach soll Janus ein Kind von Saturn sein und seinen Vater bei dessen Flucht vor Jupiter bei sich aufgenommen haben. Im goldenen Zeitalter, der Ära Saturns, hat Janus als König über Latium geherrscht. Damit gilt er als ältester Regent Italiens.

Andere erzählen, dass Uranus und Hekate seine Eltern waren. Weiteren Quellen zufolge soll er als Sohn des Apollon in Thessalien geboren und von dort aus nach Italien gezogen sein. Einigen

Überlieferungen zufolge war Janus mit der Quellnymphe Jutur verheiratet; ihr gemeinsamer Sohn hieß Fons (lateinisch für Quelle). Andere sagen, Venilia sei seine Frau gewesen. Zudem gilt Janus als Erfinder des Ackerbaus und der bürgerlichen Gesetze.

Etymologisch verweist sein Name auf »Dianus«, die maskuline Form der Diana bzw. Jana, ihres Zeichens römische Mondgöttin, aber auch Göttin der Frauen, der Sklaven, der Wälder und – seit der Kaiserzeit – der Jagd. Ferner erinnert das Wort Janus an das lateinische *ianua* (Tür, Tor, Öffnung, Durchgang).

Janus wird angerufen, wenn der Tag und die Nacht anbrechen, und zwar noch vor den anderen Göttern, sogar vor Jupiter, schließlich ist er der Gott des Anfangs. Seine Attribute sind eine Peitsche und ein Stab, mit denen er sich gegen alles stellt, was nicht zum Übergang in die neue Zeit gedacht ist. Einige Bilder zeigen ihn mit mehreren Schlüsseln, womit er die Himmelspforte aufschließt. Interessanterweise ist das Chiron-Symbol ebenfalls ein Schlüssel, was einen Bogen schlägt zwischen beiden Figuren. Der Januar erhielt im 7. Jahrhundert v. Chr. den Namen von Janus. Am 30. September 1983 wurde ein Saturnmond auf ihn getauft.

In der populären Kultur hat die Novelle DER SELTSAME FALL DES DR. JEKYLL UND MR. HYDE von Robert Louis Stevenson (1850–1894) eine Beziehung zu Janus. Darin geht es um den Arzt Dr. Jekyll, dem es gelingt, in seinem Labor ein Elixier herzustellen, das das Gute und das Böse in ihm zu trennen vermag. Als Personifikation seiner bösen Seite tritt Mr. Hyde in Erscheinung. Dieser gewinnt immer mehr die Oberhand. Am Ende nimmt sich Jekyll das Leben, um Hyde zu vernichten. Das Buch ist am 5. Januar 1886 erschienen, zur Zeit eines Saturn/Uranus-Quadrats und mit einem Neumond im Steinbock-Zeichen sowie mit der Venus in Wassermann.

Ein weiterer Vertreter des Janus-Prinzips ist die Gestalt Two-Face aus den BATMAN-Comics. Dabei handelt es sich um den Staatsanwalt Harvey Dent, der ein Doppelleben führt: Wirft er einen Silberdollar, der auf die falsche Seite fällt, kommt sein dämonisches Ich zum Vorschein. Bezeichnenderweise benutzt er den Titel

Janus zuweilen als Decknamen. Seinen ersten Auftritt hatte Two-Face im August 1942, zur Zeit einer Saturn/Uranus-Konjunktion.

Urvater Uranus

Sigmund Freud vertritt in TOTEM UND TABU (1913) die Auffassung, dass es in der Urzeit eine dominierende Vatergestalt gab, die prägenden Einfluss auf den gesamten Stamm ausübte – den sogenannten Urvater. Dieser hatte das Recht auf alle Frauen und vertrieb oder tötete sogar die eigenen Söhne, wenn sie seine Autorität infrage stellten.

Der Urvater war der uneingeschränkte Herrscher über die Familie. Freud nennt sie die Urhorde. Doch irgendwann rotteten sich die Söhne zusammen und beendeten die Willkürherrschaft des despotischen Vaters:

> Eines Tages taten sich die ausgetriebenen Brüder zusammen, erschlugen und verzehrten den Vater und machten so der Vaterhorde ein Ende. Vereint wagten sie und brachten zustande, was dem einzelnen unmöglich geblieben wäre (…) Nun setzten sie im Akte des Verzehrens die Identifizierung mit ihm durch, eigneten sich ein jeder ein Stück seiner Stärke an. Die Totemmahlzeit, vielleicht das erste Fest der Menschheit, wäre die Wiederholung und die Gedenkfeier dieser denkwürdigen, verbrecherischen Tat, mit welcher so vieles seinen Anfang nahm, die sozialen Organisationen, die sittlichen Einschränkungen und die Religion.[27]

Von ihrem barbarischen Akt erschrocken, wurden die Söhne vom schlechten Gewissen erfasst, und sie beschlossen, erneut eine väterliche Autorität einzusetzen: den ödipalen Vater. Diese Vaterfigur verbot nun die Verbrechen, die zur Zeit des Urvaters begangen wurden, in erster Linie Mord und Inzest.

[27] Sigmund Freud: *Totem und Tabu. Einige Übereinstimmungen im Seelenleben der Wilden und der Neurotiker.* In: Gesammelte Werke. Band 9. Sechste Auflage. Frankfurt am Main 1978. S. 171f.

Mythologisch können wir in Freuds Urvater Uranus erkennen, der im Mythos ebenfalls als wilder Bursche geschildert wird, als ein sexbesessener Schöpfergott, der unaufhörlich die Mutter begattet, woraus alle Lebewesen hervorgehen.

Hinweise auf den Urvater finden wir auch in der astrologischen Praxis. Erich Bauer, der familiensystemische Astrologe, beschreibt Uranus folgendermaßen:

> Uranus verkörpert eine Figur in der Sippe, die heute immer seltener wird, nämlich einen von seinen Pflichten als Vater entbundenen Mann, der ein freies, ungebundenes, autarkes, zuweilen auch frivoles Leben führt. Die extremste Form eines Uranus ist der Großvater, der noch mit 50, 60, unter Umständen sogar mit 80 Jahren Mädchen betatscht. Eine mildere Variante sind Männer, die außer Haus charmant sind, gerne flirten, gelegentlich auch Frauen verführen oder käufliche Frauen nehmen. Uranus ist auch der Typus Mann, der sich nicht an eine einzige Frau bindet, sondern mehrere Frauen zugleich liebt und vielleicht mit mehreren Frauen Kinder zeugt.[28]

Doch wie Bauer auch zu bedenken gibt: Der Uranus-Mann lebt nicht ungefährlich, denn ihm droht die Entmannung durch Saturn. In Bezug auf Freuds Untersuchung stünde der Uranier ständig in Gefahr, von seinen Söhnen, die dem Vater dessen Freiheit neiden, entmachtet zu werden.

Moderne und Postmoderne

Der Philosoph Slavoj Žižek (* 1949) macht auf einen interessanten Wechsel des kollektiven Vaterarchetyps aufmerksam. Laut Žižek entspricht er in der Moderne Freuds ödipalen Vater, also einer Autoritätsfigur, die dafür sorgt, dass wir sozial akzeptabel und sinnvoll handeln. Seit einigen Jahrzehnten jedoch, mit dem Wechsel von der Moderne in die Postmoderne, hat sich die väterliche Autoritätsgestalt gewandelt.

[28] Bauer S. 56.

Nach Žižek hat sich die Gestalt des ödipalen Vaters mittlerweile auf die Gestalt eines Vaters verlagert, die dem Freud'schen Urvater ähnelt. Diese neue Über-Ich-Gestalt ist vergnügungssüchtig und spaßverrückt. Das hedonistische Leitbild, das heute unser kollektives Unbewusstes beherrscht, fordert uns auf, uns selbst zu verwirklichen, sexuelle Lusterlebnisse zu haben und unser Leben zu genießen. Während der ödipale Vater in Gestalt des Über-Ichs bislang dem Einzelnen verboten hat, sich unmoralischen oder exzessiven Vergnügungen hinzugeben, fördert die neue gesellschaftliche Autoritätsgestalt nicht nur die hedonistische Triebbefriedung, sondern übt – da es sich nun mal um eine repressive Instanz handelt – enormen Druck aus, damit wir diesen Handlungen, die zur Zeit der ödipalen Vaterfigur verpönt gewesen sind, auch nachkommen. Unsere Spaß- und Freizeitgesellschaft bietet dafür das geeignete Umfeld: Jeder ist heute aufgefordert, schön, leistungsfähig und glücklich zu sein. Wer dies nicht kann, wird ausgespien, sprich: ins gesellschaftliche Aus gedrängt. Die Vorstellung, gesund und jung auszusehen, hat – laut Žižek – eine genau so große Macht wie einst die Befehle der ödipalen Vaterfigur.

Žižek macht die Unterschiede zwischen ödipalem Über-Ich (Saturn) und Urvater-Über-Ich (Uranus) an einem Beispiel deutlich: Man stelle sich einen Vater vor, der seinen Sohn dazu bringen möchte, dass dieser am Sonntagnachmittag die Oma besucht. Der altmodische, ödipale Vater würde zum Sohn sagen: »*Egal, ob du Lust hast oder nicht, du gehst am Sonntag zu Oma, und benimm dich ja anständig!*« Der postmoderne Vater jedoch sagt zu seinem Sohn: »*Du weißt ja, wie sehr dich deine Oma liebt. Aber natürlich brauchst du sie nur besuchen, wenn du es auch wirklich willst …*« Die Aufforderung des zweiten Vaters klingt lediglich auf dem ersten Blick toleranter, denn in Wirklichkeit arbeitet er mit dem unterschwelligen Befehl: »*Du sollst nicht nur Oma besuchen, sondern es gefälligst auch gerne tun!*«

Nach Žižek hat die Gegen- und Protestkultur der Sechzigerjahre den entscheidenden Anstoß zur Umpolung der Vaterfigur geleistet. Astrologisch ist dieses Jahrzehnt von einer Uranus/Pluto-Konjunktion geprägt, die tatsächlich für die Umkehrung (Uranus) aller

Werte (Pluto) steht. Mitte der Sechziger hat sich zudem eine Opposition aus Saturn und Uranus gebildet, woran der Wechsel (Uranus) des kollektiven Über-Ichs (Saturn) ablesbar ist.

In einem größeren Bild betrachtet, ist die Wandlung der ödipalen Vaterfigur höchst interessant, da wir hierin einen entscheidenden Schritt zum vielbesungenen Wassermannzeitalter erblicken können: Während der ödipale Vater den überholten Saturn-Archetyp verkörpert, offenbart sich im Urvater Gott Uranus, der über das neue Zeitalter herrscht.

Der hedonistische Uranus, der die eigene Trieb- und Egobefriedigung zum obersten Gebot erklärt, beleuchtet zudem die dunkle Seite des anbrechenden neuen Zeitalters, die wir im überbordenden Narzissmus und in der Konsumgeilheit unserer westlichen Gesellschaften wiederfinden.

Wir sehen in der Žižek-These aber auch die geheimnisvolle Verwandtschaft von Uranus und Saturn bestätigt, denn das neue Vaterbild ist ebenfalls eines, das als Über-Ich fungiert, jedoch den Menschen nicht wirklich zur Freiheit führt – Uranus als Ringplanet, der seine Ringe lange Zeit verborgen hielt, wird deutlich.

Good guy, bad guy

Doch nicht nur beim Wechsel des kollektiven Über-Ichs haben Saturn und Uranus ihre Hände im Spiel. Beide haben auch eine starke Beziehung zu Unglücken aller Art: Missgeschicke, Unfälle und Katastrophen stehen unter ihrem Regiment. Thorwald Dethlefsen (1946–2010), der selbst Saturn/Uranus in seinem Geburtshorokop aufweist (u.a. durch Steinbock/Wassermann am Aszendenten), schreibt über die Katastrophe:

> Die »katastrophé« – das ist jener Punkt der Umwendung, das ist jener Punkt, wo etwas infrage gestellt wird, wo eine neue Richtung frei wird, wo sich ein neues Thema zeigt. Das sind die Katastrophen – dort, wo es weitergeht im Leben, wo wir aber gerne festhalten würden in unserem Krampf,

um ja nicht lebendig zu werden, sondern unseren Schlaf und unseren Tod, den wir Leben nennen, weiter zu schnarchen.[29]

Es gibt noch weitere Zusammenhänge: Uranus wird z.B. die Technik zugeordnet, die allerdings ist ohne Saturn nicht denkbar. Denn Kenntnis und Meisterung der Naturgesetze (Saturn) sind Voraussetzung für jede technische Entwicklung. Ein Ingenieur wäre ohne die saturngeprägten Disziplinen Mathematik und Physik vollends aufgeschmissen.

Oder denken wir an die Raumfahrt: Diese untersteht Uranus. Betrachtet man jedoch die Enge und Kargheit von Raumkapseln, so drängt sich ein saturnischer Eindruck auf. Darin eingepferchte Astronauten müssen ein Höchstmaß an Disziplin, Selbstbeherrschung und Ausdauer aufbringen, um für den Vorstoß ins Weltall (Uranus) gewappnet zu sein.

Dennoch spielt Saturn häufig die Rolle des Bösewichts, während Uranus dem Befreier, dem »good guy« entspricht.

Der Turm

Uranus ist dann der Erwecker aus saturnischer Lethargie. Er gleicht einem Leitstrahl, der sich vom Himmel herabsenkt und uns, in Form von Geistesblitzen, aufweckt. Manchmal sind diese Blitze real, wie bei Martin Luther (1483–1546), der vor einem Unwetter Schutz suchte und sich nach dem Einschlag schwor, ein klösterliches Leben zu führen. Die Richtungsänderung, der Persönlichkeitswechsel, aber auch die jähe Erkenntnis, die plötzlich über einen kommen, sind Resultate dieser Begegnung mit Uranus.

Die christliche Mystikerin Hildegard von Bingen (1098–1179) gibt ein Beispiel, wenn sie über ihr eigenes Erweckungserlebnis notiert:

Es geschah im Jahre 1141 nach der Menschwerdung des Gottessohnes Jesus Christus, als ich 42 Jahre und 7 Monate alt war. Aus dem offenen

[29] Thorwald Dethlefsen: *Astrologie als Symbol.* Hamburg 2016. S. 28.

Himmel fuhr blitzend ein feuriges Licht hernieder. Es durchdrang mein Gehirn und setzte mein Herz und die ganze Brust wie eine Flamme in Brand; es verbrannte nicht, war aber heiß, wie die Sonne den Gegenstand erwärmt, auf den ihre Strahlen fallen. Und plötzlich erhielt ich Einsicht in die Schriftauslegung, in den Psalter, die Evangelien und die übrigen katholischen Bücher des Alten und Neuen Testaments.[30]

Wir können diesen Vorgang auch im kreativen Schaffensprozess finden, etwa wenn sich Eingebungen hinabsenken, man seine Ideen »aus der Luft« empfängt. Häufig wird dabei ein Prozess der Befreiung geschildert, dem eine lähmende Erstarrung (Saturn) vorausgegangen ist. Uranus wird dann als erfrischender Neuanfang gepriesen, der das saturnine Alte hinter sich lässt.

Die Tarot-Karte XVI *Der Turm* veranschaulicht dies: Wir sehen darauf einen Turm, der auf einem Berg steht. Ein Blitz schlägt in die Kuppe ein, die in Gestalt einer Krone geformt ist. Zwei Menschen, ein Geistlicher und ein Monarch, werden durch die Sprengung in die Tiefe geschleudert.

Abbildung 1: Der Turm

Diese Karte symbolisiert die befreiende, erlösende Wirkung des Uranus-Prinzips, das sich gegen verkrustete, überholte Strukturen (Saturn) richtet und sie zerstört. Hajo Banzhaf (1949–2009) notiert dazu als Stichworte:

Aufbrechen geistiger, politischer, seelischer Borniertheit, Neugeburt (...) Vernichtung des Erstarrten, Befreiung des Lebendigen, Öffnen, Erkenntnis. [31]

[30] Zitiert nach: Volker Leppin: *Die christliche Mystik*. München 2007. S. 76.

[31] Hajo Banzhaf: *Das Tarot-Handbuch*. München 1998. S. 137.

Das Tarot-Bild weckt zudem Assoziationen an den Turmbau zu Babel, den zweiten Sündenfall der Menschheit; unseren zweiten Versuch, so zu werden wie Gott. Doch Gott machte uns einen Strich durch die Rechnung:

> Und der Herr sprach: siehe, sie sind ein Volk und haben alle eine Sprache. Und dies ist erst der Anfang ihres Tuns, nunmehr wird ihnen nichts unmöglich sein, was immer sie sich vornehmen, wohlan, lasst uns hinabfahren und daselbst ihre Sprache verwirren, dass keiner mehr des andern Sprache verstehe. (Gen. 11, 6-7)

Wechselspiel

Denkbar ist allerdings auch die Lesrichtung von Uranus zu Saturn: Wenn die Welt im Chaos (Uranus) versinkt, Konventionen und Gesetze nicht mehr gelten, dann wird Saturn als Hüter der Ordnung herbeigesehnt. Man besinnt sich darauf, dass Regeln und Vorschriften der Gemeinschaft dienen, und ist froh, wenn Saturn zurückkehrt, der wieder für Recht, und im besten Fall auch für Gerechtigkeit, sorgt.

Ein anderes Beispiel ist ein abrupter Computer-Absturz (Uranus), bei dem man auch erleichtert ist, wenn man zuvor alle wichtigen Daten gespeichert hat (Saturn), sodass sich das Chaos (Uranus) in Grenzen (Saturn) hält.

Und auch bei kreativer Tätigkeit ist lediglich im Anfangsstadium ein wilder Gedankenflug, etwa in Form eines Brainstormings (Uranus), angebracht, danach geht es ans Sortieren, Ordnen, Auswählen und aufs Wesentliche reduzieren, woraus ein stimmiges Werk entstehen kann (Saturn).

Auch auf der Körperebene erweist sich Saturn als stabilisierender Strukturgeber: Nach einem plötzlichen Unfall (Uranus) ist man ebenfalls glücklich, wenn die Genesung voranschreitet und man wieder in einen gesunden Zustand übergehen kann.

Saturn und Uranus präsentieren sich somit als Taktgeber im Horoskop; das Wechselspiel aus Chaos – Ordnung – Zusammenbruch – Wiederaufbau ist ihre Domäne.

Jenseits der Schwelle

Laut William Shakespeare (1564–1616) gibt es *»mehr Dinge zwischen Himmel und Erde, als unsere Schulweisheit sich träumen lässt«*. Tatsächlich ist das Reich zwischen Himmel (Uranus) und Erde (Saturn) die Zone von Janus bzw. von Saturn/Uranus.

Hypothetisch kann man davon ausgehen, dass 0° Löwe (Sonne/Mond) die Geburt symbolisiert und analog dazu, im Tierkreis gegenüberliegend, 0° Wassermann den Tod in dieser Welt und somit die »Geburt im Jenseits«[32]. Der Bereich zwischen dem »Hüter der Schwelle« (Saturn) und dem ersten Transsaturnier (Uranus) ist das perfekte Einfallstor für Phänomene, die sich der Alltagsverstand nicht zu erklären vermag. Infolgedessen zeitigt die Besetzung von 29°–1° Steinbock-Wassermann, aber auch von anderen Saturn/Uranus-Graden, ein brennendes Interesse an Parapsychologie, an Metaphysik und eine auffallende Neigung zur Fantastik. Einige Beispiele:

Bei Carl Gustav Jung (1875–1961), der sich nicht nur mit Mythen und Träumen, sondern auch mit zahlreichen okkulten Phänomenen beschäftigt hat, steht auf 29° Steinbock der Aszendent.

Bei Arthur Conan Doyle (1859–1930) befindet sich der Mond auf 0° Wassermann. Der Sherlock Holmes-Autor hat sich eingehend mit übernatürlichen Phänomenen, mit Spukerscheinungen sowie mit Naturgeistern auseinandergesetzt. 1917 startet er sogar eine Vortragstournee in Sachen Spiritismus, die ihn durch fast alle Kontinente führt. Neben dreizehn Büchern erscheinen unzählige Aufsätze und Rezensionen zu diesem Thema. Außerdem tritt er in ein halbes Dutzend spiritistischer Vereinigungen ein und eröffnet 1925 eine einschlägige Buchhandlung.

Auch William Butler Yeats (1865–1939) hat den Aszendenten auf 0° Wassermann. Der irische Dramatiker (DAS EINHORN VON

[32] Michael Roscher bezeichnet 29° Steinbock bis 1° Wassermann als »Todesgrade«, wodurch der Jenseitsbezug deutlich wird. Vgl. Michael Roscher: *Kritische Grade im Horoskop*. Tübingen 2005.

DEN STERNEN, 1907) studierte intensiv Alchemie, Astrologie, Kabbala und Spiritismus und hat 1917 ein spiritistisches Medium geheiratet, mit dem er fortan in einem abgelegenen Turm lebte.

Den Merkur auf 0° Wassermann weist der schwedische Mystiker Emanuel Swedenborg (1688–1772) auf, der seine Erkenntnisse aus Gesprächen mit Engeln und Geistern gewann. Swedenborg war ursprünglich Bergwerksinspektor, darüber hinaus Geometer und Anatom – also in saturnischen Wissenschaften durchaus bewandert. Der emsige Forscher versuchte jahrelang den Sitz des Bewusstseins zu lokalisieren, und zwar im Gehirn. Schließlich wird ihm klar, dass er »am falschen Ort« gesucht hat, und er wendet sich dem Numinosen zu. In einer Art meditativen Trance katalogisiert er fortan die jenseitigen Welten, so wie er zuvor die diesseitige untersucht hat.

Auch bei der Dichterin Annette von Droste-Hülshoff (1797–1848; DER KNABE IM MOOR, 1842), ebenfalls mit spiritistischen Neigungen ausgestattet, steht der Merkur auf 0° Wassermann.

Bei dem Regisseur Mario Bava (1914–1980), dessen Filme vor Wesen aus der Zwischenwelt (Saturn/Uranus) nur so wimmeln (DIE STUNDE, WENN DRACULA KOMMT, 1960), befindet sich der Aszendent auf 0° Wassermann; beim Horror-Schriftsteller Stephen King (* 1947; FRIEDHOF DER KUSCHELTIERE, 1983) der Deszendent auf 29° Steinbock.

Bei Victor Hugo (1802–1885; DIE ELENDEN, 1862) finden wir Mond und Merkur auf Saturn/Uranus-Graden (Mond auf 25° Schütze; Merkur auf 25° Fische). Der französische Schriftsteller ist ebenfalls spiritistisch interessiert gewesen und soll 1854 sogar Kontakt mit dem Geist von Shakespeare aufgenommen haben.

Der Spiritist und Theosoph Charles Leadbeater (1847–1934) hat den MC auf 29° Steinbock und die Häuserachse zwei/acht auf 25° Zwillinge/Schütze[33]. Bei Alice Bailey (1880–1949), Theosophin und Gründerin der Arkanschule, befindet sich die Achse zwei/acht

[33] Alle 25° der beweglichen Zeichen (Zwillinge, Jungfrau, Schütze, Fische) sind nach Roscher »Todesgrade« mit Saturn/Uranus-Charakter.

auf 27° Löwe/Wassermann, einem Gradbereich, dem Roscher die Konstellation Merkur/Saturn/Uranus zuordnet. Baileys Sonne steht auf 25° Zwillinge.

Der visionäre Filmemacher Federico Fellini (JULIA UND DIE GEISTER, 1965), mit der Sonne auf 29° Steinbock, ist ein großer Anhänger C. G. Jungs gewesen und stand zeitlebens dem Übersinnlichen sehr aufgeschlossen gegenüber.

Abschließend noch ein Beispiel aus der Filmwelt: In ALICE schildert Claude Chabrol (1930–2010) den Jenseitsverbleib einer jungen Frau. Der Streifen hatte Premiere am 19. Januar 1977, mit einer Sonne auf 29° Steinbock und unter einem Saturn/Uranus-Quadrat.

Der diskrete Charme des Revolutionären: Saturn/Uranus in Geschichte, Gesellschaft und Kultur

Unsere Muße können wir nicht besser verwenden, als mit den Herrlichkeiten der Vergangenheit vertraut zu werden (...) und das Unheil zu sehen, in dem alles zugrunde ging.

-Karl Jaspers-

Astrologie und Weltgeschehen

Dieser Abschnitt beschäftigt sich mit der Mundanastrologie. Darin geht es um das Weltgeschehen, um gesellschaftlich-politische Vorgänge, die sich mit dem Instrument der Astrologie beschreiben lassen.

Eine aufschlussreiche, wenn auch grobe Einführung in die mundane Astrologie ist das folgende Schema: Man lege den Tierkreis, beginnend mit dem Widder-Zeichen im Westen, auf eine Weltkarte und erhält folgende Aufteilung

- Widder (AC) = westliche Hemisphäre (Nordamerika etc.)
- Krebs (IC) = südliche Hemisphäre (Afrika etc.)
- Waage (DC) = östliche Hemisphäre (China, Japan etc.)
- Steinbock (MC) = nördliche Hemisphäre (Europa etc.)

Im globalen IC-Bereich liegt demnach die Wiege der Menschheit (Afrika), was dem Krebs-Zeichen entspricht. Den unselbstständigen und kindlichen Krebs-Charakter erkennen wir darin, dass sich der afrikanische Kontinent bis heute in einem Abhängigkeitsverhältnis zur übrigen Welt, insbesondere zu Europa, befindet, was sich anschaulich in der Kolonialgeschichte der letzten Jahrhunderte widerspiegelt.

Ferner ist in Afrika der Seelenglaube stark ausgeprägt. Es gibt kaum Trennungen zwischen Arbeit und Familie, ebenso wenig wie zwischen Religion und Alltag, und auch die Ahnenverehrung wird hochgehalten – alles Hinweise auf das weiblich-mütterliche Krebs-Zeichen.

Europa nimmt als globaler MC (Steinbock) den Part des saturninen Elternrollenspielers ein, den es für Afrika, aber auch für die restliche Welt im Laufe der Jahrhunderte innehatte, bevor es von der Widder-Macht USA abgelöst wurde. Insbesondere die Steinbocknation Großbritannien hat sich in dieser Beziehung hervorgetan, indem sie, kulturfördernd wie streng, weite Teile des Erdballs dominierte[34]. Dieser Bereich nahm, ganz im Sinne des Steinbocks, prägenden Einfluss auf die Welt, man denke nur an die Entwicklung des Englischen zur Weltsprache.

In dieser Kultur entstand auch die Orientierung an der Zeit und die objektive Messung der Realität – beides Saturnphänomene, die in Afrika eher als fremd wahrgenommen werden. Nicht umsonst bezieht sich das Weltzeitsystem auf Greenwich, eine Sternwarte in der Nähe von London.

Auf der West-Ost-Achse entdecken wir den Gegensatz von Widder- und Waage-Mentalität. Der Westen gilt als feurig, zupackend und ich-betont, treibt den Individualismus auf die Spitze, während der Osten ich-auflösend und am Du orientiert ist. Anschaulich zeigt sich dies in den USA und ihren Western-Mythen vom heroischen, einsamen Cowboy. Dem entgegen verweisen im fernen Osten Religionen wie Taoismus und Buddhismus, aber auch die starke Neigung zum Kollektivismus (in der VR China, aber auch in

[34] Die beiden letzten Pluto-Durchgänge durch den Steinbock illustrieren diesen Zusammenhang: 1776 lösten sich die amerikanischen Kolonien vom englischen Mutterland, beim aktuellen Lauf ist es der Brexit, der die Welt in Atem hält.

Japan), auf das soziale Waage-Zeichen in seinen verschiedenen Ausprägungen.

Diese Einteilung lässt sich in den einzelnen Erdteilzonen noch spezifisch differenzieren. Darüber hinaus hat jedes Land, jede Stadt und auch jeder Landstrich seine eigene astrologische Färbung und somit auch sein eigenes Horoskop.

Deutschland beispielsweise gilt als Widder/Waage-Land: Es ist von zahlreichen Nachbarstaaten umgeben, was die Beziehungen nach außen, positiv oder negativ, unabdingbar macht (Waage). Außerdem besteht nach vielen Kriegen und einer militärisch geprägten Geschichte (Widder) seit 1945 eine lange Friedenszeit (Waage). Ebenso trägt Deutschland, als Land in der Nähe des globalen MC, stark saturnische Züge. Wir werden weiter unten, im Abschnitt über Friedrich den II. und Preußen, eine Reihe von Deutschland-Horoskopen kennenlernen, in denen Saturn und Uranus bedeutende Rollen spielen.

Als Faustregel gilt: Je weiter entfernt ein Planet seine Bahn um die Sonne zieht, desto größer ist sein Einfluss auf das überindividuelle Geschehen. Sonne und Mond, von den Alten als Lichter bezeichnet, symbolisieren unsere Elternbilder (Sonne = Vater; Mond = Mutter). Sie sind von enormer Bedeutung für die Psyche, prägen unsere Weltsicht, unser Handeln und Fühlen. Sie repräsentieren den subjektiven Zugang zur Welt, stehen uns nahe, sind aber in der Mundanastrologie, wenn auch nicht völlig unwichtig, eher untergeordnet. Merkur, Venus und Mars beschäftigen uns in unserer Alltagswelt: Kommunikation, Liebe, Beziehung, Triebe, Gelderwerb, Körper und Arbeit sind ihre Domänen. Jupiter und Saturn nehmen wir meist über die Medien wahr: Sie repräsentieren Politik und Zeitgeschehen, also gesellschaftliche Themen.

Nach Saturn, dem »Hüter der Schwelle«, entsteht ein Bruch (symbolisiert durch Chiron). Die folgenden Planeten Uranus, Neptun und Pluto sind von kollektiver Natur, fast abstrakt. Wir sehen ihre Auswirkungen, wenn es um Vulkanausbrüche, Naturkatastrophen und historische Ereignisse geht. Die Transsaturnier symbolisieren die großen Veränderungen und Entwicklungen auf unserer Erde.

Der Saturn/Uranus-Zyklus

Saturn und Uranus bilden etwa alle zehn Jahre einen Hauptaspekt (Konjunktion, Quadrat, Opposition). Saturn repräsentiert den Status quo, Uranus den Wechsel – treffen sie aufeinander, so kommt es zu Umbrüchen.

Weitere Phänomene sind Abspaltungen, Bürgerkriege und geopolitische Neuordnungen. So beginnt der Amerikanische Bürgerkrieg am 12. April 1861 unter einem Saturn/Uranus-Quadrat und der Algerische Bürgerkrieg startet im Dezember 1991 unter Saturn in Wassermann und Uranus in Steinbock, also zur Zeit einer Saturn/Uranus-Rezeption.

Auch abrupte Wechsel sind möglich: Machtverhältnisse ändern sich unter Saturn/Uranus plötzlich (David-gegen-Goliath-Effekt); ein Auf und Ab prägt das Geschehen – das Bild der Achterbahnfahrt drängt sich auf. Weitere Erscheinungsformen sind Börsencrashs, wissenschaftliche Innovationen, aber auch Flugkatastrophen.

Auf dem kulturellen Sektor kann Saturn/Uranus für die Verschmelzung von Vergangenheit (Saturn) und Zukunft (Uranus) stehen und dabei Altes und Neues miteinander verbinden, wie in der Filmreihe STAR WARS (ab 1977) oder beim Genre des »Steampunk«, dessen Begriff 1987 erstmals geprägt wurde.

Nachfolgend ein Überblick auf den Saturn/Uranus-Zyklus, beginnend mit der Konjunktion vom Ende des 19. Jahrhunderts.

1896–1898 Konjunktion

Europa wird von Spannungen in Atem gehalten: Die »Krüger-Depesche« von 1896 sorgt für Zwist zwischen Deutschland und England; 1898 verabschiedet der Deutsche Reichstag das Erste Flottengesetz, womit das deutsch-britische Wettrennen zur See beginnt. Gleichzeitig wird Frankreich 1898 von der Dreyfus-Affäre erschüttert.

1897 tagt der erste Kongress der Zionisten, auf dem die Gründung eines Judenstaats in Palästina beschlossen wird – ein Ereignis, das weitreichende historische Konsequenzen nach sich zieht.

Im Spanisch-Amerikanischen Krieg von 1898 unterliegen die Spanier, die daraufhin die Philippinen sowie ihre Ansprüche auf Kuba, Puerto Rico und Guam an die USA abtreten.

Am 9. August 1896 stürzt Otto Lilienthal (1848–1896) beim Testen eines Fluggleiters ab.

Am 10. Dezember 1896 eröffnet das Pariser Théâtre de l'Œuvre die Saison mit KÖNIG UBU von Alfred Jarry (1873–1907) – die Geburtsstunde des modernen Theaters[35]. 1897 wird das Théâtre du Grand Guignol in Paris gegründet. Es gilt als Vorläufer des »entfesselten Theaters«, aber auch des Splatterfilms.

1908–1910 Quadrat

1909 kommt es zur ersten Balkankrise: Serbien und Montenegro melden Ansprüche auf Bosnien und Herzegowina an. Der Konflikt wird nach internationalem Eingreifen entschärft.

Es rumort in zahlreichen Ländern: 1908 macht sich Kreta vom Osmanischen Reich unabhängig; ein Jahr später wird ein türkischer Militärputsch niedergeschlagen; die USA greifen 1910 militärisch in Nicaragua und in Mexiko ein. Im selben Jahr wird Portugal zur Republik.

Saturn/Uranus gilt auch als Erdbebenkonstellation: Am 28. Dezember 1907 wird Messina/Sizilien fast völlig zerstört. Die Katastrophe fordert über 100 000 Opfer.

1906 baut Henry Ford (1863–1947) das erste Automobil für die Massen (Modell T). 1909 überfliegt Louis Blériot (1872–1936) den Ärmelkanal. Im Juni 1908 mobilisiert Emmeline Pankhurst (1858–1928) eine Viertelmillion Menschen, um im Londoner Hyde Park für das Frauenwahlrecht zu demonstrieren.

Im Februar 1909 erscheint das MANIFEST DES FUTURISMUS von Filippo Tommaso Marinetti (1876–1944). Am 20. April 1910 sorgt der Vorbeiflug des Halley'schen Kometen für Aufsehen. Der

[35] Zudem steht Merkur am Premierentag auf 25° Schütze, was ebenfalls Saturn/Uranus entspricht.

Komet gilt als unheilverkündendes Zeichen, das vier Jahre später in Gestalt des Ersten Weltkriegs real wird.

1917–1920 Opposition

Dies ist eine äußerst turbulente Zeitphase, in der die Grundlagen für zahlreiche Konfliktfelder gelegt werden:

1917 bringt der Erste Weltkrieg das russische Zarenreich zum Implodieren und bereitet mit der Oktoberrevolution die Basis für den ersten sozialistischen Staat der Weltgeschichte. Der Russische Bürgerkrieg sowie die bürgerkriegsähnlichen Zustände in Deutschland spielen sich ebenfalls in dieser Zeit ab. Das Jahr 1918 sorgt zudem für die Auflösung des Vielvölkerstaats Österreich-Ungarn.

Saturn/Uranus befördert auch die Frauenemanzipation: So kommt es in Deutschland nach dem Kaisersturz und der Gründung der Republik zum Frauenwahlrecht.

In den USA befindet sich die Wirtschaft nach Kriegsende in einer tiefen Krise. Das Ergebnis sind zwölf Millionen Arbeitslose; Streiks keimen auf: Allein 1919 gibt es 3630 Streiks mit über vier Millionen Beteiligten. Außerdem kommt es im »Red Summer« zu gewalttätigen Auseinandersetzungen und zu Straßenschlachten mit bis zu 165 Toten.

Auch die Hungerunruhen in Hamburg (»Sülzeaufstand«) fallen in diese Zeit: Am 23. Juni 1919 macht ein Gerücht die Runde, wonach eine Hamburger Firma verdorbene Tierkadaver zu Sülze verarbeitet habe. Daraufhin versuchen wütende Bürger in das Rathaus einzudringen, es werden Barrikaden errichtet und Schüsse fallen. Schließlich rückt die Reichswehr an. Mehr als 60 Menschen kommen ums Leben.

1930–1932 Quadrat

Die Große Depression hält die Welt in Atem; allein in Deutschland gibt es sechs Millionen Arbeitslose. Der Faschismus findet in vielen Ländern zahlreiche Anhänger, aber auch die Kommunistische

Partei der USA sowie andere sozialistische Gruppierungen haben in dieser Zeit großen Zulauf.

In Deutschland wird Heinrich Brüning (1885–1970) im Jahr 1930 Reichskanzler, regiert mit Notverordnungen und höhlt damit die Demokratie aus. Im selben Jahr rebelliert Mahatma Gandhi (1869–1948) mit seinem Salzmarsch gegen die britische Kolonialmacht in Indien. In Fernost greift Japan China an, es kommt zum Verlust der Mandschurei (1931/32).

Spanien wird 1931 zur Republik. Doch unter Saturn/Uranus gegründete Staaten tragen den Keim der Spaltung in sich: 1936 bricht ein Bürgerkrieg aus, woraufhin der Faschismus siegt.

Manfred von Ardenne (1907–1997) gelingt 1930 die erste vollelektronische Fernsehübertragung. Im selben Jahr wird Pluto entdeckt.

1941–1943 Konjunktion

Diese Phase markiert die Wende im Zweiten Weltkrieg: Adolf Hitler (1889–1945) entschließt sich, am 22. Juni 1941 die Sowjetunion zu überfallen, was in einem Fiasko endet. Japans Überfall auf die US-Pazifikflotte markiert den Eintritt der USA in den Zweiten Weltkrieg (7. Dezember 1941). Beide Ereignisse legen den Grundstein für die spätere Nachkriegsordnung, in der sich die feindlichen Blöcke West vs. Ost gegenüberstehen – ein zentraler Umkehrpunkt in der Geschichte des 20. Jahrhunderts.

Die Jahre 1941 bis 1943 werden außerdem bestimmt vom Holocaust, der »Endlösung der Judenfrage«. Die berüchtigte Wannseekonferenz vom 20. Januar 1942 findet unter einer Sonne auf 29° Steinbock statt, einem Saturn/Uranus-Grad.

Am 2. Dezember 1942 geschieht in Chicago die erste kontrollierte Kernspaltung unter der Leitung von Enrico Fermi (1901–1954). Damit werden die Grundlagen für das Atomzeitalter gelegt. Alexander Fleming (1881–1955) gelingt im selben Jahr die pharmakologisch-industrielle Herstellung des Penicillins, wodurch die Medizin revolutioniert wird.

Wichtige Bücher dieser Zeit sind DER FREMDE und DER MYTHOS VON SISYPHOS (1942, Albert Camus, 1913–1960), DAS GLASPERLENSPIEL (1943, Hermann Hesse) und DAS SEIN UND DAS NICHTS (1943, Jean-Paul Sartre; 1905–1980).

1951–1953 Quadrat

Diese Phase steht im Zeichen des Korea-Kriegs, der von Juni 1950 bis Juli 1953 andauert. Im November 1952 wird Dwight D. Eisenhower (1890–1969), früherer Oberbefehlshaber der alliierten Streitkräfte, zum US-Präsidenten gewählt. 1952 findet auch die erste Explosion einer Wasserstoffbombe statt (»Ivy Mike«). 1953 erfolgt die Erstbesteigung des Mount Everest.

Der Tod Josef Stalins (1879–1953) am 5. März 1953 läutet eine Zeitenwende ein: Sein Nachfolger Nikita Chruschtschow (1894–1971) betreibt die Entstalinisierung und beginnt eine Entspannungspolitik, um die UdSSR aus der Isolation zu führen. Innenpolitisches Signal ist die Verhaftung und Hinrichtung des sowjetischen Geheimdienstchefs.

Am 17. Juni 1953 kommt es in der DDR zu einem Aufstand, bei dem 21 Menschen sterben, 187 verletzt und etwa 1200 inhaftiert werden. Die DDR-Führung kann die Revolte nur durch Einsatz sowjetischer Panzer und durch die Verhängung des Ausnahmezustands niederschlagen. In der Bundesrepublik wird der 17. Juni zum gesetzlichen Feiertag (Tag der Deutschen Einheit).

Im Oktober 1952 kommt die erste Ausgabe des amerikanischen Satiremagazins MAD auf den Markt. Das stilbildende Blatt mit Alfred E. Neumann als Maskottchen versammelt Film- und Literaturpersiflagen, schrullige Slapstick-Comics und bissige Kommentare zu Zeitgeistthemen. 1953 erscheint der dystopische Roman FAHRENHEIT 451 von Ray Bradbury.

1964–1967 Opposition

Der schwelende Militär-Konflikt in Vietnam eskaliert. Zudem ist dies die Hippiezeit, die im »Summer of Love« mündet, und der Beginn der Anti-Vietnamkrieg-Demonstrationen.

Am 24. Januar 1965 erschüttert der Tod von Winston Churchill (1874–1965) die Weltöffentlichkeit. In Algerien kommt es im Juni zu einem Putsch, bei dem Staatschef Ahmed Ben Bella (1916–2012) gestürzt wird. Malcolm X (1925–1965) wird im selben Jahr ermordet. Außerdem markiert dieses Jahr den Beginn der chinesischen Kulturrevolution.

In der BRD kommt 1966 zum ersten Mal eine Große Koalition an die Macht. In dieser Zeitphase ereignet sich auch die sogenannte »Starfighter-Affäre«. Dabei handelt es sich um eine Reihe unausgereifter Kampfflugzeuge der Bundeswehr: Allein 1965 ereignen sich 27 Starfighter-Unfälle mit 17 Toten.

Mitte der Sechzigerjahre entstehen auf dem Gebiet der Pädagogik wegweisende Innovationen, die bis heute nachwirken. Klaus Holzkamp (1927–995) begründet 1965 die »Kritische Psychologie«, die versucht, Gesellschaftskritik und Psychologie zu verbinden. 1966 wird das erste deutsche Atomkraftwerk im schwäbischen Gundremmingen in Betrieb genommen.

Am 8. September 1966 erfolgt der TV-Start von STAR TREK (Raumschiff Enterprise). Die Science-Fiction-Serie handelt von einer multiethnischen Weltraumcrew, die ihre Abenteuer im 23. Jahrhundert erlebt.

1975–1977 Quadrat

Diese Zeit markiert die Schreckensherrschaft von Pol Pot (1925–1998) und seinen »Roten Khmer« in Kambodscha – eine Bewegung, die von Maos Kulturrevolution der Sechzigerjahre-Saturn-Uranus-Opposition geprägt ist. Pol Pots »Steinzeitkommunismus« kostet etwa zwei Millionen Menschen das Leben.

Der Tod von Mao-Tse-tung (1893–1976) am 9. September 1976

läutet eine Zeitenwende in China ein. Der Aufstand in Soweto/Johannesburg (1976) markiert wiederum den Anfang vom Ende der Apartheid in Südafrika. Im selben Jahr erfolgt die Ausbürgerung von Wolf Biermann (* 1936) aus der DDR. Diese Zeit steht zudem im Bann des RAF-Terrors. 1977 gründet Alice Schwarzer (* 1942) die feministische Zeitschrift EMMA. Das Erdbeben vom 28. Juli 1976 im Nordosten Chinas mit 800 000 Toten steht ebenfalls unter dem Signum dieses Quadrats.

1976 landen die Raumsonden Viking 1 und Viking 2 auf dem Mars und senden Bilder von der Oberfläche. 1976 kommt der Apple I auf den Markt, ein Jahr später Apple II – der Beginn des Computerzeitalters wird eingeläutet. 1977 wird Chiron entdeckt.

Die Punk-Bewegung gibt dieser Saturn-Uranus-Phase ein kulturelles Gesicht; 1977 erscheint das Debütalbum der Sex Pistols NEVER MIND THE BOLLOCKS, HERE'S THE SEX PISTOLS.

1977 kommt der erste STAR WARS-Film in die Kinos; ein Werk, das archaische Märchenelemente und Versatzstücke aus vergangenen Kulturen mit futuristischer Science-Fiction und moderner Technologie verbindet.

1987–1990 Konjunktion

1987 setzt der Beginn der ersten Intifada ein. Der Mini-Crash vom Oktober 1987 und die Unterzeichnung des INF-Vertrags vom Dezember sind Vorboten für die fundamentalen Umwälzungen, die jetzt geschehen: So endet der Kalte Krieg; Ungarn öffnet die Grenzen nach Westen; im November 1989 fällt die Berliner Mauer.

1989 geschehen auch die blutige Niederschlagung der Studentenproteste in China sowie der Rückzug der sowjetischen Truppen aus Afghanistan. Zudem ruft der Ajatollah Khomeini (1902–1989) zur Tötung des Schriftstellers Salman Rushdie (* 1947) auf.

In Paraguay wird 1989 der Diktator Alfredo Stroessner (1912–2006) gestürzt und nach Brasilien abgeschoben. Initiator des Putsches ist General Andrés Rodríguez (1923–1997), der daraufhin Präsident wird.

1990 wird Nelson Mandela (1918–2013) in Südafrika aus der Haft entlassen – ein wichtiger Meilenstein in Richtung Beendigung der Apartheid.

Bereits 1988 wird die BRD von zwei Saturn/Uranus-Entsprechungen geschockt: Während einer Flugschau auf der US-Militärbasis Ramstein kollidieren am 28. August mehrere Kunstflugmaschinen. Durch den Absturz eines Jets in die Zuschauermenge sterben 70 Menschen, etwa 1000 werden verletzt. Zudem geschieht am 1. Juni 1988 eine Bergwerkskatastrophe in Stolzenbach, bei der 51 Menschen ums Leben kommen.

Am 21. Dezember 1988 erschüttert der Lockerbie-Anschlag mit 270 Todesopfern die Weltöffentlichkeit. EINE KURZE GESCHICHTE DER ZEIT von Stephen Hawking (1942–2018) erscheint im selben Jahr; das Buch avanciert zum Bestseller. 1988 gründet sich auch die Terrororganisation Al Kaida.

Musikalisch wird diese Zeit vom »Second Summer of Love« geprägt, der eine Brücke schlägt zur Saturn/Uranus-Opposition in den Sechzigern. Diesmal sind es englische Jugendliche, die massenhaft synthetische Drogen konsumieren und die Nacht zum Tage machen. Den Soundtrack dazu liefern Bands wie Happy Mondays oder Stone Roses.

Im Fernsehen startet 1987 STAR TREK – THE NEXT GENERATION (Raumschiff Enterprise – Das nächste Jahrhundert), womit der Bogen zur Originalserie von 1966 (Saturn/Uranus-Opposition) geschlagen wird.

1987 kommt das Antidepressivum Prozac auf den Markt.

1998–2000 Quadrat

Auch diese Phase ist geprägt von einem Crash, dem Platzen der Dotcom-Blase im März 2000, sowie vom bösen Erwachen der New Economy.

Wichtige politische Umbrüche geschehen in Russland und Deutschland: In Russland tritt Boris Jelzin (1931–2007) zurück und macht Platz für Wladimir Putin (* 1952), der fortan der Weltpolitik seinen Stempel aufdrückt. In Deutschland kommt Rot-Grün an die Macht und löst damit die sechszehnjährige Amtszeit von Helmut Kohl ab; neuer Bundeskanzler wird Gerhard Schröder (* 1944). Für Aufsehen sorgt der rasche Rücktritt des Finanzministers Oskar Lafontaine (* 1943), der sich mit Schröder überwirft und in der Folge zur Spaltung der SPD beiträgt.

Ferner ist diese Zeit geprägt von der CDU-Spendenaffäre, in deren Mittelpunkt Helmut Kohl steht. Die Partei gerät in Turbulenzen und Machtkämpfe, aus denen Angela Merkel (* 1954) als Siegerin hervorgeht: Am 10. April 2000 wird sie zur Vorsitzenden gewählt.

Außerdem kommt es 1999 in Pakistan zu einem Militärputsch, bei dem Pervez Musharraf (* 1943) die Macht übernimmt. Ein weiterer Putsch geschieht Ende 1999 an der Elfenbeinküste. Im Nahen Osten beginnt 2000 die zweite Intifada.

In der Wissenschaft sorgt die Himmelsscheibe von Nebra für Aufsehen, die am 4. Juli 1999 von zwei Schatzsuchern entdeckt wird. Der Baubeginn der Raumstation ISS erfolgt im November 1998.

Die Vergangenheit (Saturn) der Zukunft (Uranus) bringt 1999 einen neuen Star-Wars-Film in die Kinos, der die Vorgeschichte der Weltraumsaga erzählt. Als weiterer Science-Fiction-Klassiker kommt im selben Jahr MATRIX in die Lichtspielhäuser.

2008–2010 Opposition

Diese Zeit ist geprägt vom Bankrott der Bank Lehman Brothers, was eine schwere Finanz- und Wirtschaftskrise nach sich zieht. Als Folge meldet General Motors im Juni 2009 Insolvenz an und wird notverstaatlicht.

Die Krise treibt Schockwellen um die ganze Welt und sorgt für zahlreiche Konjunktureinbrüche, u.a. in Japan und in Deutschland. Die Dresdner Bank wird aufgelöst und muss mit der Commerzbank fusionieren. Ferner rutschen der Warenhauskonzern Arcandor und das Versandhaus Quelle in die Pleite.

In Europa stürzt das hoch verschuldete Griechenland den Euro und die EU in eine tiefe Krise. Ein Euro-Rettungsschirm mit einem Umfang von 750 Milliarden Euro hilft dem Land, das kurz vor dem Staatsbankrott steht, aus der Klemme.

In den USA wird Barack Obama (* 1961) zum ersten schwarzen Präsidenten gewählt. In der Folge formiert sich die gegnerische Tea-Party-Bewegung, was beides zur Spaltung des Landes beiträgt.

Mit Horst Köhler (* 1943) tritt 2010 ein erster deutscher Bundespräsident von seinem Amt zurück, Nachfolger wird Christian Wulff (* 1959). Im russischen Smolensk kommt im selben Jahr durch einen Flugzeugabsturz beinahe die gesamte politische Elite Polens ums Leben.

2010 geschieht ein Militärputsch in Niger, der zu einer Diktatur führt; im gleichen Jahr erfolgt ein Putsch in Kirgisien. Außerdem ereignet sich – durch die Explosion auf einer Bohrinsel – eine schwere Ölpest im Golf von Mexiko. 2009 startet das Bitcoin-Netzwerk. Im selben Jahr stürzt in Köln das historische Stadtarchiv ein. Am 12. Januar 2010 erschüttert ein Erdbeben Haiti mit mehr als 220.000 Toten.

2009 startet das STAR-TREK-Reboot von J. J. Abrams (* 1966) in den Kinos. Ein Film, der den Look und das Flair der Classic-STAR-TREK-Serie der Sechzigerjahre in Erinnerung ruft.

Kinder des Janus

Ich hätte dazu getaugt, das Leben eines Weisen zu führen … Ein Dämon, der mir die Ruhe nicht gönnte, hat mich auf die große Bühne der politischen Wechselfälle versetzt.

-Friedrich der Große-

Wenden wir uns nun einigen Persönlichkeiten (und Deutschland-Horoskopen) zu, die von Saturn/Uranus geprägt sind. Unser erstes Janus-Kind ist der preußische Monarch Friedrich der Große, der auch heute noch zu polarisieren weiß.

Am 24. Januar 1712 um 11:30 Uhr wird Friedrich in Berlin geboren, er ist Thronfolger von Friedrich Wilhelm dem Ersten (1688–1740). Der königliche Vater hat Preußen zu einem absolutistischen Staat ausgebaut, mit einem stehenden Heer, einem überbordenden Beamtentum und mit einer rigiden Wirtschaftslenkung. Der »Soldatenkönig« Friedrich Wilhelm hat aber auch die berühmt-berüchtigten preußischen Tugenden geprägt: Militärischer Drill, Ordnung, Gehorsamkeit, Sparsamkeit, Härte, Fleiß, Pünktlichkeit, Sauberkeit und ein strammer, gut funktionierender Beamtenapparat – alles klassische Saturnanalogien.

Eine gewisse wassermännische Aufgeschlossenheit zeigt sich jedoch auch bei ihm. Dies äußert sich in der Aufnahme von Hugenotten und anderen Flüchtlingen. Allerdings ist seine Zuwanderungspolitik in erster Linie der Notlage des eigenen Landes geschuldet. Denn im vom Dreißigjährigen Krieg ausgebluteten Preußen fehlt es an allen Ecken und Enden, und sowohl die strengen preußischen Tugenden als auch Friedrichs Bevölkerungspolitik dienen dazu, das kleine Fürstentum zu stabilisieren und am Leben zu erhalten.

Bei Wilhelms Sohn mischen sich Militarismus und Preußentum mit aufklärerischen Ideen, was wir in seinem Horoskop ablesen

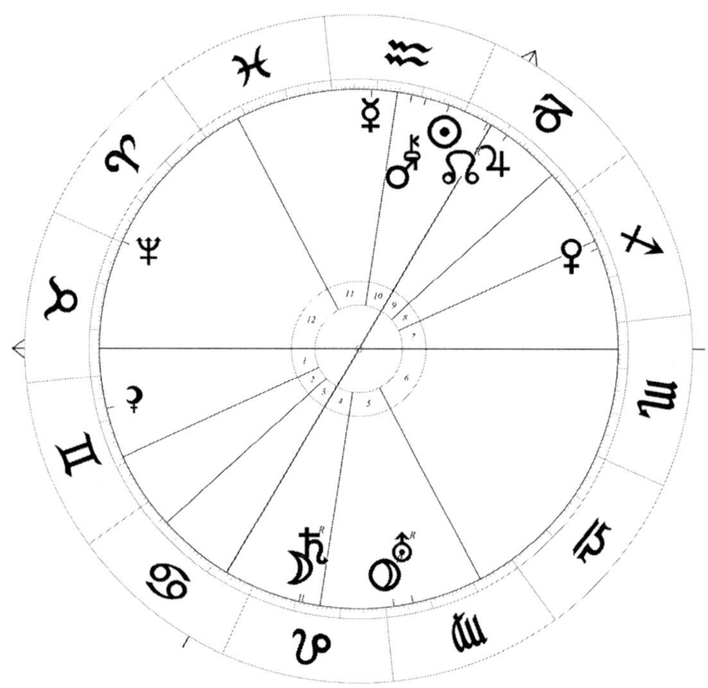

Abbildung 2: Friedrich der Große

können. Darin finden wir eine starke Betonung der Prinzipien Steinbock und Wassermann: Sonne, Merkur, Mars und Chiron stehen im Wassermann-Zeichen, drei davon zugleich im zehnten Haus. An der Spitze von Haus zehn befinden sich Jupiter sowie der aufsteigende Mondknoten, die außerdem – gemeinsam mit dem MC – im Steinbock-Zeichen stehen. Ein mächtiger Saturn, der sich in Konjunktion mit dem Mond sowie in Opposition zu Sonne, Mars und Chiron befindet, komplettiert das Bild.

Bereits äußerlich sind Vater und Sohn grundverschieden: Dort der robust-korpulente König, hier der schmächtige, mit einem zarten Körperbau versehene Kronprinz. Der Sohn teilt zudem die militärischen Vorlieben seines Vaters nicht, er gilt eher als musisch interessiert.

Friedrich spielt Querflöte, begeistert sich für Philosophie und trägt im Laufe der Jahre eine Bibliothek von fast 4000 Büchern zusammen. Dem tyrannischen Vater sind die künstlerischen Anwandlungen des Sohnes ein Dorn im Auge. Um seinem Sprössling die »Flausen auszutreiben«, verpasst er ihm einen prall gefüllten Stundenplan mit Fächern wie Staatskunde, religiöse Erziehung, Reiten, Schießen und Exerzieren. Etwas mehr Verständnis findet Friedrich bei der Mutter, Königin Sophie Dorothea (1687–1757), die heimlich die musischen Interessen des Sohnes fördert (Mond in Haus vier in Konjunktion mit Saturn, dem Herrscher von Haus neun).

Fluchtversuch mit Folgen

Friedrichs Auflehnung gegen den Vater mündet in einem dramatischen Fluchtversuch (Saturn/Uranus): Im August 1730 nimmt der Preußenkönig den Sohn mit auf eine Reise in die westlichen Territorien des Landes. Hier will Friedrich den Plan umsetzen, den er zuvor mit dem befreundeten Leutnant Hans Hermann von Katte (1704–1730) geschmiedet hat: Über Holland will er nach England entkommen. Doch die Flucht scheitert und Friedrich wird auf der Festung Küstrin festgesetzt.

Am 6. November 1730 wird der 26-jährige Katte vor den entsetzten Augen Friedrichs hingerichtet. Ein grausames Exempel, das Friedrichs Vater statuiert: Im Mythos wird Uranus von Saturn entmannt; den archaischen Kampf zwischen Saturn und Uranus erleben wir hier auf der Festung Küstrin gleichnishaft noch einmal vollzogen.

In der Folge spielt Friedrich eine Doppelrolle: Während er nach außen den folgsamen Sohn gibt (Saturn), widmet er sich im Privaten umso mehr dem Flötenspiel und der Poesie, schafft sich uranische Freiräume.

Am 14. August 1731 kommt es zur tränenreichen Versöhnung zwischen Vater und Sohn: Friedrich wirft sich, der vollen Dramatik seines Löwemonds entsprechend, dem Vater zu Füßen und bittet um Vergebung. Dieser nimmt jovial an und lockert in der Folge den strengen Tagesablauf des Thronfolgers ein wenig.

In dem Doppelleben, das Friedrich nun führt, erkennen wir unschwer seine spannungsreiche Steinbock/Wassermann-Betonung: Friedrichs Heuchelei gegenüber dem Vater geht so weit, dass er 1733 die vom Vater ausgesuchte Braut, Elisabeth Christine von Braunschweig-Bevern (1715–1797), heiratet, obwohl er sie nicht ausstehen kann.

Als Hochzeitsgeschenk überlässt Friedrich Wilhelm seinem Sohn Schloss Rheinsberg als Residenz. Hier kann der Thronfolger seinen wassermännischen Neigungen frönen: Er gibt Feste und Konzerte, führt geistreiche Gespräche und beginnt eine Korrespondenz mit Voltaire (1694–1778), dem französischen Philosophen. Im Mai 1739 beginnt er mit seinem ANTIMACHIAVEL, der ohne Autorennennung im Jahr darauf erscheint. In dieser Streitschrift entwirft Friedrich das Bild eines gütigen Herrschers, dessen Politik allein dem Wohl des Volkes verpflichtet ist.

Kriegsherr und aufgeklärter Monarch

Am 31. Mai 1740 wird Friedrich – nach dem Tod seines Vaters – König von Preußen und befördert das Land in den folgenden Jahren zur europäischen Großmacht. Dazu gehören auch einige Kriege, die Friedrich beileibe nicht mehr als feinsinnigen Schöngeist, sondern vielmehr als skrupellosen Machtpolitiker und Aggressor zeigen.

Friedrich gilt allerdings auch als Vertreter eines aufgeklärten Absolutismus, sieht sich selbst als »ersten Diener des Staates«. Während er auf Schloss Sanssouci Flötensonaten komponiert und Poesie verfasst, schreibt er parallel dazu militärische Handbücher.

Seine Zwiegestalt zeigt sich zudem darin, dass er zwar in Sachen Vernunft, Gerechtigkeit und Freiheit seiner Zeit weit voraus ist, mit musikalischen Pionieren wie Joseph Haydn (1732–1809) und Wolfgang Amadeus Mozart (1756–1791) aber wenig anzufangen weiß.

Und auch dem deutschen Sturm und Drang kann er nichts abgewinnen.

Zu den Kriegen, die Friedrich führt, zählt auch der Siebenjährige (1756–1763), der mit Fug und Recht als Weltkrieg bezeichnet werden kann, tobt er doch zeitgleich auf drei Kontinenten. Saturn läuft während dieser Zeit durch Steinbock und Wassermann und aktiviert somit Friedrichs Horoskopstellungen.

Der Krieg lässt Friedrich schnell altern. Er flüchtet sich immer mehr in die saturnische Einsamkeit; seine Körperpflege nimmt ab, er verliert Zähne und zeigt sich bald nur noch in seiner blauen Uniform, in der er sich irgendwann auch jeden Abend schlafen legt. Zudem wird er immer zynischer und erträgt schließlich nur noch die Anwesenheit seiner geliebten Windhunde. Überhaupt ist der Preußenkönig zeitlebens ein großer Tierfreund, was wohl seinem Stier-AC geschuldet ist. Am 17. August 1786 stirbt der Alte Fritz, wie er nun genannt wird, auf Schloss Sanssouci in Potsdam.

Am 17. August 1991, nach dem Zusammenbruch des DDR-Regimes, werden seine Gebeine – mundan begleitet von Saturn in Wassermann und von Uranus in Steinbock – in der Gruft von Sanssouci begraben.

Deutschlands Saturn/Uranus-Prägung

An der Figur Friedrichs des Großen sowie an Preußen scheiden sich bis heute die Geister. Als Saturn/Uranus-Persönlichkeit vermag Friedrich sowohl konservative als auch progressive Geister zu faszinieren. Mit seinem Horoskop passt Friedrich zudem perfekt in die deutsche Geschichte, denn herausragende Saturn/Uranus-Betonungn lassen sich auch in preußischen und deutschen Staatshoroskopen finden – womit Deutschland als Kind des Janus bezeichnet werden darf.

Die Gründung des Königreichs Preußen geschieht am 18. Januar

Abbildung 3: Weimarer Republik

1701. Saturn/Uranus liegt hier in Form eines Trigons vor. Ansonsten ist das Steinbock-Zeichen mit Sonne und Merkur besetzt; Jupiter in Wassermann schenkt dem jungen Staat die Tendenz zur Toleranz.

Im Horoskop des Deutschen Kaiserreichs (1. Januar 1871, 00:00 Uhr, Berlin) finden wir Saturn/Uranus durch Uranus in Haus zehn und durch Merkur auf einem Saturn/Uranus-Grad bestätigt; im Steinbock-Zeichen befinden sich ferner Sonne, IC, Venus und Saturn.

Das Horoskop der Weimarer Republik (9. November 1918, 14:00 Uhr, Berlin) präsentiert uns mit einem Wassermann-AC sowie mit Uranus in Konjunktion darauf, der Versuch, das saturnisch-preußische Erbe durch ein neues, progressives Staatswesen zu überwinden. Tatsächlich sind die Gründungsumstände des Weimarer Staates äußerst revolutionär und die Verfassung fortschrittlich, doch die Bevölkerung des agrarisch geprägten Landes ist konservativ und bleibt außen vor (Steinbockmond an der Spitze von Haus zwölf). Die Zerrissenheit von Weimar, die »Demokratie ohne Demokraten«, zeigt sich anschaulich an der Saturn/Uranus-Opposition auf der AC/DC-Achse.

Im Horoskop des Dritten Reichs (30. Januar 1933, 11:00 Uhr, Berlin) finden wir drei Wassermann-Planeten (Sonne, Merkur, Saturn) im Schwellenbereich von Haus zehn zu Haus elf, eine Venus in Steinbock sowie Saturn im Wassermann-Zeichen.

Januskopf Preußen

Auf der Konferenz von Potsdam 1945 entscheiden die allliierten Siegermächte, den Staat Preußen auszulöschen. Er sei als Inbegriff des deutschen Militarismus ein Nährboden für den Nationalsozialismus gewesen. Auch wenn diese Analyse nicht von der Hand zu weisen ist und die Verbindungslinien zwischen Preußen und NS-Staat häufig genug herausgestellt wurden (insbesondere von den Nazis selbst), so muss doch auf die Ambivalenz des preußischen Januskopfes hingewiesen werden. Denn Preußen ist während der Weimarer Republik stets ein Hort republiktreuer Demokraten gewesen. In diesem flächenmäßig größten Land der Republik (etwa zwei Drittel des Staatsgebiets) regieren fast bis zum Schluss die Parteien der »Weimarer Koalition«. Erst mit dem sogenannten »Preußenschlag« von 1932 wird dieser Stützpfeiler eingerissen und der Weg zur NS-Diktatur frei.

Das Horoskop des Deutschen Kaiserreichs und dessen Saturn/Uranus-Spannungen lassen sich aber nicht per Dekret auslöschen. Sie existieren weiter in den Rechtsnachfolgern des Staates – und damit auch ihr preußisches Erbe. Konkret lässt sich dies am Gründungshoroskop der BRD ablesen (Inkrafttreten des Grundgesetzes: 24. Mai 1949, 00:00 Uhr, Bonn), bei dem sich Saturn und

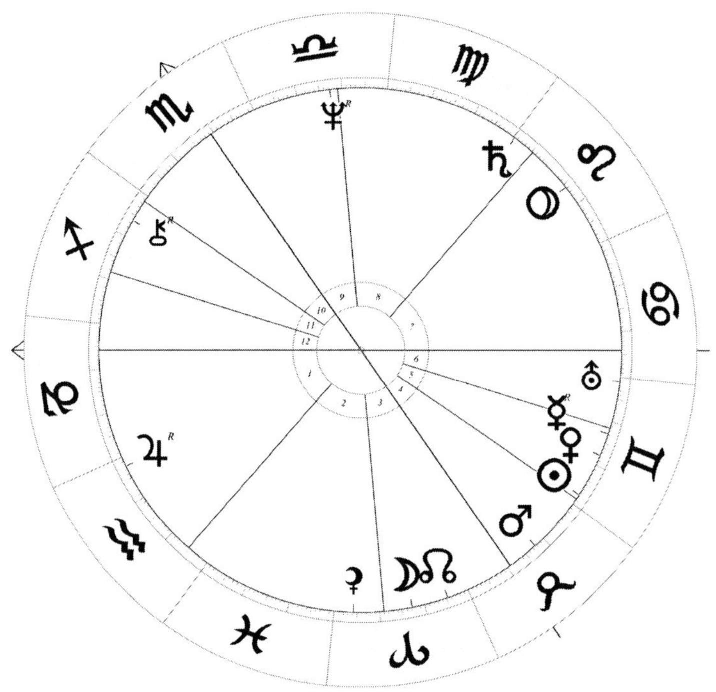

Abbildung 4: Bundesrepublik Deutschland

Uranus zu einem freundlichen Sextil gesellen, was wohl eine Erklärung dafür bietet, dass die Bundesrepublik ungleich stabiler konstruiert ist, als es der Weimarer Staat gewesen ist. Im Horoskop der Wiedervereinigung (3. Oktober 1990, 00:00 Uhr, Berlin) finden wir Saturn/Uranus in Form des Herrschers von Haus zehn (Mars) in Haus elf sowie durch den Uranus im Steinbock-Zeichen vor.

Phönix aus der Asche

Ein derart von Saturn/Uranus geprägtes Staatsgebilde zieht natürlich Politiker an, die ebenfalls diese Konstellation aufweisen:

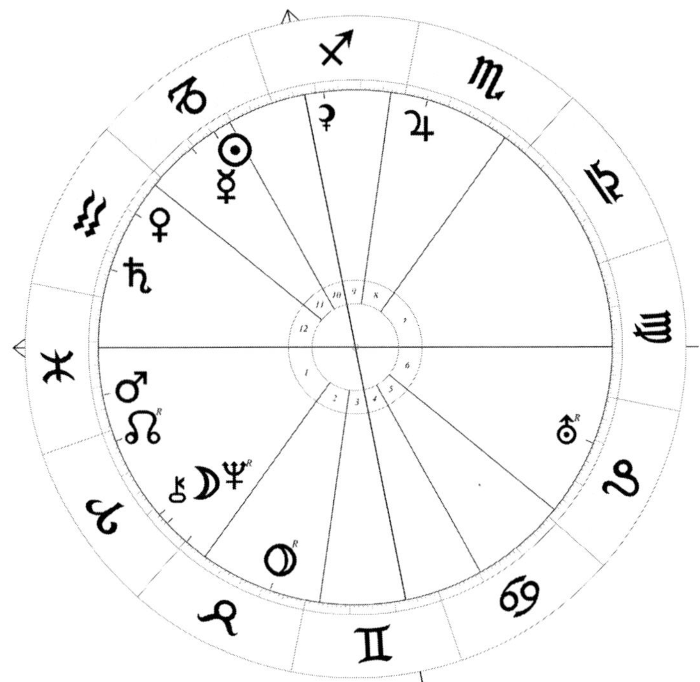

Abbildung 5: Konrad Adenauer

Konrad Adenauer, erster Kanzler der Bundesrepublik, am 5. Januar 1876 um 10:30 Uhr in Köln geboren, gehört dazu. Neben einer Saturn/Uranus-Opposition hat er eine Steinbock- (Sonne, Merkur) und Wassermannbetonung (Venus, Saturn). Saturn selbst befindet sich im Wassermann-Zeichen. Zudem steht Adenauers Steinbocksonne in Haus elf, was ebenfalls Saturn/Uranus entspricht.

Adenauer stammt aus beengten familiären Verhältnissen, muss sich bis zu seinem siebzehnten Lebensjahr das Bett mit zwei älteren Brüdern teilen. Mithilfe eines Stipendiums studiert er Jura und wird Rechtsanwalt. Parallel dazu startet er eine politische Karriere.

1917, zur Zeit der mundanen Saturn/Uranus-Opposition, wird er zum Kölner Oberbürgermeister gewählt. In seine Amtszeit fallen wichtige städtebauliche Maßnahmen, etwa der Bau der neuen

Universität (Wassermann-Saturn im Sextil zum Schütze-MC; Sonne und Merkur in Steinbock). In seiner Funktion als Präsident des preußischen Stadtrats (1920–1933) macht er sich die Nationalsozialisten zum Feind; 1933 jagen sie ihn aus dem Amt. Adenauer, zuvor einflussreiches Mitglied der Zentrums-Partei, stürzt ins Bodenlose (Saturn/Uranus). Er wird mehrmals verhaftet und zieht sich in die innere Emigration zurück.

Nach dem Zweiten Weltkrieg ist er Mitbegründer der CDU, seit 1946 deren Vorsitzender in Nordrhein-Westfalen, ab 1949 der Bundespartei. Er steigt nun wie ein Phönix aus der Asche auf, wird am 15. September 1949, im Alter von 73 Jahren, Bundeskanzler (Sonne in Steinbock).

Zu den großen Verdiensten Adenauers zählt die Aussöhnung zwischen Frankreich und Deutschland (Saturn/Uranus). Den Ausbruch des Koreakriegs von 1950 nimmt er aber auch zum Anlass, die deutsche Wiederbewaffnung zu forcieren. Am 15. Oktober 1963 tritt er als Kanzler zurück. Bis 1966 bleibt er Vorsitzender der CDU, am 19. April 1967 stirbt er in Rhöndorf.

Adenauer ist auch als Erfinder tätig gewesen (Uranus in Haus sechs; Sonne und Merkur in Haus elf; Venus in Wassermann). Und zu Saturn/Uranus passt auch, dass er – in seiner Frühzeit als Politiker – separatistische Ansichten vertreten hat.

Als »Enkel Adenauers« ist Helmut Kohl oft bezeichnet worden; auch er ist ein Saturn/Uranus-Politiker. Kohl wird am 3. April 1930 6:30h in Ludwigshafen geboren. In seinem Horoskop zeichnet sich ein gradgenaues Quadrat zwischen Saturn und Uranus ab, wobei Saturn am MC steht, Uranus also ein Quadrat zur Himmelsmitte bildet. Außerdem stehen Sonne und Merkur in Konjunktion mit der Sonne, gleichsam im Quadrat mit Saturn. Kein Wunder, dass das Leben Kohls stark von dieser Konstellation geprägt ist.

Schon früh engagiert er sich in der CDU. Er studiert Geschichte und wird 1958 promoviert (Thema: Die politische Entwicklung in der Pfalz und das Wiedererstehen der Parteien nach 1945). Ein Jahr später wird er als jüngster Abgeordneter in den rheinland-pfälzischen Landtag gewählt.

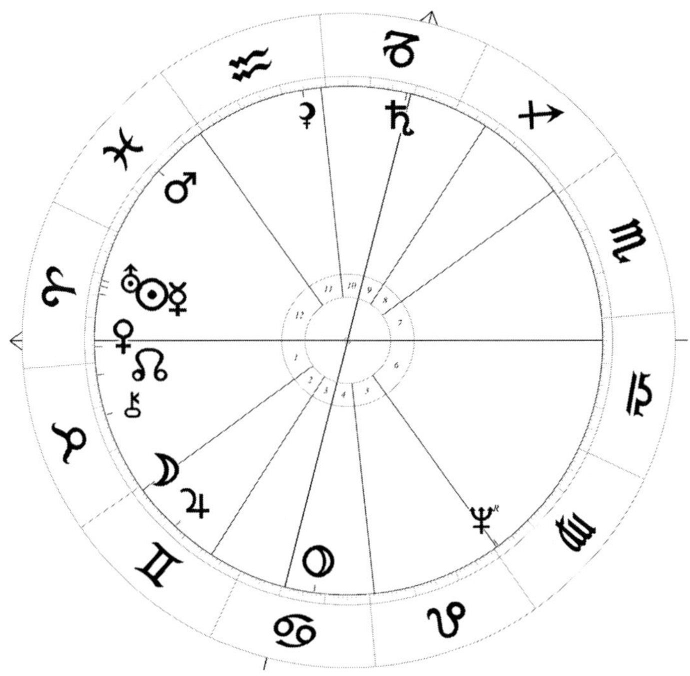

Abbildung 7: Helmut Kohl

Der Ehrgeizige legt eine steile Politkarriere hin (Saturn am MC): 1966, zur Zeit der mundanen Saturn/Uranus-Opposition, wird er Landesvorsitzender der CDU Rheinland-Pfalz. Von 1969 bis 1976 ist er dort Ministerpräsident und befördert das als rückschrittlich geltende Bundesland in einen rasanten Modernisierungsprozess (Saturn/Uranus): Neben Universitätsgründungen und bildungspolitischen Maßnahmen sind vor allem die Gebietsreformen und der Strukturwandel zu nennen.

1976 stehen Saturn und Uranus im Quadrat – erneut eine bedeutende Zeit für Kohl: Er tritt als Kanzlerkandidat an und erzielt fast die absolute Mehrheit. Für einen Regierungswechsel reicht es zwar nicht, dennoch übt er das Amt des Oppositionsführers im Bundestag aus.

Das Quadrat sorgt auch für Spaltungstendenzen in der Union: Am 19. November 1976 stellt CSU-Widersacher Franz Josef Strauss (1915–1988) die Drohung in den Raum, die Fraktionsgemeinschaft zwischen CSU und CDU aufzulösen. Kohl gewinnt den Machtkampf und kommt am 1. Oktober 1982 durch ein konstruktives Misstrauensvotum doch noch ins Amt des Bundeskanzlers.

Beim Machtwechsel Anfang Oktober 1982 besetzen Saturn und Uranus zwei Hausspitzen in Kohls Horoskop: Saturn befindet sich am Deszendenten (= Spitze Haus sieben), Uranus an der Spitze von Haus acht.

Kohl sucht die politische Legitimierung durch Neuwahlen, die im März 1983 stattfinden und der Koalition aus CDU/CSU und FDP eine satte Mehrheit bescheren. Ihre Politik wird durch einen Wirtschaftsaufschwung, der 1983 einsetzt, begünstigt.

Im September 1989, zur Zeit der Saturn/Uranus-Konjunktion, scheint für Kohl das politische Aus besiegelt: Eine Revolte auf dem Bremer CDU-Parteitag bahnt sich an. Sehr bald aber verdrängen Nachrichten über flüchtende Ostdeutsche die Kohl-Krisenmeldungen aus den Schlagzeilen. Die DDR, und damit der gesamte Ostblock, sind in Auflösung begriffen, eine historische Wende vollzieht sich. Gedankenschnell ergreift Kohl das Heft des Handelns, ist wieder obenauf: Er wird zum »Kanzler der deutschen Einheit« und geht in die Geschichtsbücher ein.

Im November 1989 durchquert Uranus das neunte Haus von Kohl, wodurch der glückliche Umschwung signalisiert wird. Der laufende Saturn steht am MC, direkt bei Kohls Radix-Saturn, was den Höhepunkt seiner Karriere anzeigt.

Kohl wird zwar 1990 und 1994 wiedergewählt, doch seinen Zenit hat er überschritten. Saturn und Uranus spielen allerdings auch bei seinem Abstieg wichtige Rollen: 1998 bis 2000 ereignet sich nicht nur das Ende als Bundeskanzler, sondern auch die Parteispendenaffäre, bei der sein Ruf nachhaltig beschädigt wird. In dieser Zeit konstelliert sich ein Saturn/Uranus-Quadrat am Himmel.

Im Juli 2001 nimmt sich seine Frau Hannelore (1933–2001) das Leben; sieben Jahre danach heiratet er die 34 Jahre jüngere Maike

Richter (* 1964). Am 16. Juni 2017 stirbt er in seinem Haus in Oggersheim. Zum Zeitpunkt seines Todes überquert Uranus den AC mitsamt Venus; Saturn transitiert die Spitze seines neunten Hauses – Indizien dafür, dass auch dieser Tod ein Akt der Befreiung und der Bewusstseinserweiterung gewesen ist.

Sind die Umbruchjahre von 1989 bis 1991 der Höhepunkt von Kohls Karriere, so markieren sie bei Erich Honecker dessen Sturz und Abschied von der Macht. Der Steinbock/Wassermann-Betonte ist ein Beispiel dafür, wie man unter Saturn/Uranus-Einfluss in der Jugend revolutionäre und idealistische Ansichten vertreten kann (Uranus), um später als geistig vergreister Polit-Funktionär zu enden (Saturn).

Erich Honecker wird am 25. August 1912 um 18:00 Uhr in Neunkirchen/Saar geboren. In seinem Horoskop liegt der Aszendent im Steinbock, wobei das Zeichen Wassermann eingeschlossen ist. Uranus steht in Haus eins sowie auf 0° Wassermann, einem Saturn/Uranus-Grad. Zwischen Saturn und Uranus bildet sich ein Trigon, Honeckers Mond befindet sich im Wassermann.

Honecker entstammt einer einfachen, aber politisch engagierten Familie: Sein Vater ist Bergmann und Sozialist. Auch der junge Erich fühlt sich von der Politik angezogen; am 1. Dezember 1928 tritt er dem Kommunistischen Jugendverband Deutschlands bei.

Am 4. Dezember 1935 wird er von der Gestapo verhaftet, zwei Jahre später zu zehn Jahren Zuchthaus wegen »Vorbereitung zum Hochverrat« verurteilt. Nach dem Krieg gehört er der Gruppe um Walter Ulbricht (1893–1973) an. Er gründet in Ost-Berlin die FDJ und wird deren Vorsitzender.

Mit seinem Steinbock-Aszendenten und dem dazugehörigen Saturn in Haus vier, dem auch die Heimat zugeordnet wird, ist er der ideale Mann für den Bau der Berliner Mauer. Tatsächlich ist er dessen maßgeblicher Organisator und somit mitverantwortlich für den Schießbefehl an der innerdeutschen Grenze.

In seinem Verhältnis zum Ziehvater Ulbricht spiegelt sich das Drama von Uranus und Saturn wider: Zunächst dessen Mitarbeiter und Vertrauter, stößt Honecker seinen Mentor schließlich – mit

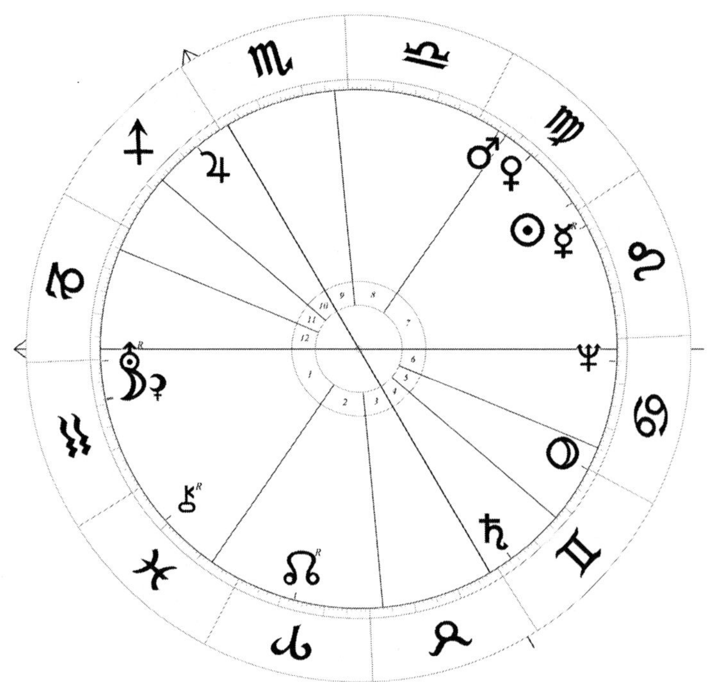

Abbildung 8: Erich Honecker

Rückendeckung aus Moskau – vom Thron und nimmt 1971 selbst die Position des Staats- und Parteichefs ein.

Die epochale Konjunktion aus Saturn, Uranus und Neptun, die sich Ende der Achtzigerjahre bildet, läutet seinen Sturz ein: Am 18. Oktober 1989 wird Honecker vom SED-Politbüro zum Rücktritt gezwungen. 1992 wird er in Berlin vor Gericht gestellt, aufgrund einer Krebserkrankung aber nicht mehr verurteilt. Er reist zu seiner Familie nach Chile und stirbt dort am 29. Mai 1994.

Terror der RAF

Angesichts der Saturn/Uranus-Prägung, ist es kein Wunder, dass auch das dunkelste Kapitel der westdeutschen Nachkriegsgeschichte – der Terror der Roten Armee Fraktion (RAF) – im Zusammenhang damit steht.

Die RAF wurzelt in der Studentenbewegung, die am 2. Juni 1967 mit der Erschießung von Benno Ohnesorg (1940–1967) ihren Anfang nimmt. An diesem Tag bildet sich ein Saturn/Uranus-Spiegelpunkt am Firmament.

Gegründet wird die RAF am 14. Mai 1970. Eine Uhrzeit ist nicht bekannt, aber es ist sehr wahrscheinlich, dass sich die Sonne auf 23° Stier befindet, einem Saturn/Uranus-Grad[36]. Zu den Gründungsmitgliedern zählen Gudrun Ensslin (1940–1977), Andreas Baader (1943–1977), Ulrike Meinhof (1934–1976), Horst Mahler (* 1936) u.a.

Die RAF sieht sich als Stadtguerilla, die eine Revolution initiieren will. 1972 werden Baader, Meinhof u. a. verhaftet und in Isolationshaft genommen. Die dramatische Eskalation, die dann als »Deutscher Herbst« in die Geschichtsbücher eingeht, ist stark von Saturn/Uranus bestimmt:

Bereits 1975 wird der Berliner CDU-Vorsitzende Peter Lorenz (1922–1987) von der RAF entführt, 1976 wird Ulrike Meinhof erhängt in ihrer Zelle aufgefunden. Dieser Zeitraum ist geprägt vom Quadrat aus Saturn und Uranus.

1977 steht ganz im Zeichen des Terrors: Anstoß für die sogenannte »Offensive 77« ist die Freilassung von Brigitte Mohnhaupt (* 1949). An jenem 8. Februar 1977 bildet sich ein fast exaktes Saturn/Uranus-Quadrat, zudem befindet sich die Sonne in Wassermann, Merkur und Mars in Steinbock.

Mohnhaupt organisiert die RAF neu, und am 7. April (gradgenaues Saturn/Uranus-Quadrat) wird mit der Ermordung von Generalbundesanwalt Siegfried Buback (1920–1977) ein erstes Zeichen gesetzt. Auch dessen Fahrer Wolfgang Göbel (1947–1977)

[36] Vgl. Roscher 2005.

und der Leiter der Fahrbereitschaft der Bundesanwaltschaft, Georg Wurster (1944–1977), kommen ums Leben.

Am 30. Juli 1977 folgt die Ermordung von Jürgen Ponto (1923–1977), dem Vorstandssprecher der Dresdner Bank. Nächstes Ziel ist der Arbeitgeberpräsident Hans Martin Schleyer (1915–1977), der am 5. September von der Terrorgruppe entführt wird. Schleyer hatte in einer Fernsehsendung über seine SS-Vergangenheit gesprochen und sich bekannt, stolz darauf zu sein. Dadurch geriet er ins Visier der RAF.

Am Tag der Schleyer-Entführung entfernen sich Saturn und Uranus aus einem gültigen Quadrat-Orbis, jedoch bildet sich ein Spiegelpunkt, ähnlich wie am 2. Juni 1967, zum Beginn der Studentenproteste.

In Videoaufnahmen bittet Schleyer die Bundesregierung, ihn gegen RAF-Häftlinge auszutauschen. Kanzler Schmidt weigert sich, woraufhin am 13. Oktober eine Boeing der Lufthansa von einem palästinensischem Terrorkommando entführt wird. Die Entführer stellen Forderungen, die noch über die der RAF hinausgehen: Neben der Freilassung der deutschen Inhaftierten verlangt man die Entlassung palästinensischer Terroristen aus türkischer Haft sowie 15 Millionen US-Dollar. Schmidt bleibt hart, und nach mehreren dramatischen Zwischenstopps – unter anderem in Rom und Dubai – landet die Maschine am 17. Oktober in Mogadischu. Hier setzen die Entführer ein Ultimatum, drohen mit der Sprengung des Flugzeugs und übergießen die Passagiere mit Alkohol. In letzter Minute stürmt die GSG-9 den Flieger und befreit alle 86 Geiseln. Drei der vier Geiselnehmer kommen ums Leben.

Daraufhin nehmen sich in der »Todesnacht von Stammheim« die RAF-Anführer Andreas Baader, Gudrun Ensslin und Jan-Carl Raspe (1944–1977) das Leben. Als Reaktion richtet die RAF den entführten Schleyer hin, dessen Leiche am 19. Oktober 1977 in einem Kofferraum in Frankreich gefunden wird.

Auch in der Folgezeit schwingt die RAF im Einklang mit Saturn/Uranus: Am 30. November 1989, zur Zeit der Saturn/Uranus-Konjunktion in Steinbock, erfolgt der tödliche Anschlag auf

Alfred Herrhausen (1930–1989), den Chef der Deutschen Bank. Am 20. April 1998, kurz vor dem nächsten Quadrat, erklärt die RAF ihre Auflösung.

Als sich der nächste Saturn/Uranus-Hauptaspekt bildet, die Opposition, kommt DER BAADER MEINHOF KOMPLEX in die Kinos (Premiere am 16. September 2008). In dieser Phase erfolgt auch die Freilassung des RAF-Terroristen Christian Klar (* 1952), was 2009 für großes mediales Aufsehen sorgt.

Saturn/Uranus kann in der Tat als Auflehnung (Uranus) gegen die Staatsmacht (Saturn) gelesen werden, infolgedessen gibt es auffällige Saturn/Uranus-Betonungen bei vielen RAF-Mitgliedern: Bei Andreas Baader finden wir eine Konjunktion, zu der sich Mond und Merkur gesellen; Holger Meins (194 –1974) ist ebenfalls unter dieser Konjunktion geboren; Verena Becker (* 1952) und Christian Klar haben ein Quadrat.

Ebenfalls unter einem Quadrat – in Verbindung mit Venus und Mars – ist Susanne Albrecht (* 1951) geboren. Bei Ulrike Meinhof befindet sich Saturn in Wassermann; Silke Maier-Witt (* 1950) ist mit der Sonne auf 0° Wassermann zur Welt gekommen.

Last but not least soll nicht unerwähnt bleiben, dass Helmut Schmidt (1918–2015), der nervenstarke Gegenspieler der RAF, ebenfalls von Saturn/Uranus geprägt ist, bei ihm in Form einer Opposition.

3096 Tage

Wenden wir uns einem kleinen Mädchen zu, der zehnjährigen Natascha Kampusch aus der Wiener Donaustadt. Geboren wird sie dort am 17. Februar 1988 um 06:45 Uhr.

Am 2. März 1998 verlässt Natascha kurz nach sieben Uhr die elterliche Wohnung, um den Weg zur Schule anzutreten; sie wird sie nie erreichen. Kurz davor wird sie von Wolfgang Priklopil, einem arbeitslosen Nachrichtentechniker, abgefangen: Er zerrt das Mädchen in einen Kleintransporter und braust mit ihr davon.

Damit beginnt ein über acht Jahre langes Martyrium. In einer umgebauten Montagegrube unter seinem Haus, hält Priklopils das Mädchen gefangen; sie muss dort in einem nicht mal zwei Meter breiten Raum ihr Dasein fristen. Natascha hat keinerlei Kontakt zu anderen Personen, wird vollkommen von der Außenwelt abgeschirmt und darf ihr Gefängnis lediglich für seltene Einkäufe und Spaziergänge mit ihrem Entführer verlassen. Zudem wird sie von Priklopil körperlich misshandelt und muss ihm den Haushalt führen. Lange Zeit wird ihr auch der Kopf geschoren.

Endlich, am 23. August 2006, gelingt ihr die Flucht: Während sie Priklopils Auto säubert, wird er durch ein Telefongespräch abgelenkt – Natascha wittert die Chance und flieht durch eine offen gelassene Gartentür. Sie wendet sich an Nachbarn, die die Polizei verständigen. Priklopil verlässt fluchtartig das Haus; sofort wird die Fahndung nach ihm ausgeschrieben. Noch am gleichen Tag wirft er sich vor einen Zug und erliegt seinen Verletzungen.

Eine schier unglaubliche Geschichte, die ein weltweites Medienecho auslöst – und obendrein tiefe Einblicke in die Abgründe von Saturn/Uranus gewährt.

Blicken wir zunächst in das Geburtshoroskop von Kampusch, wo die Betonung des Uranus-Prinzips ins Auge sticht: Neben dem Wassermann-Zeichen mit Aszendent, Sonne, Mond und Merkur ist auch das elfte Haus, mit Saturn, Uranus und Neptun (sowie mit Mars in Konjunktion mit der Hausspitze) dominant besetzt.

Bei einer derart von Uranus geprägten Geborenen würde man nicht zwangsläufig auf das beschriebene Schicksal schließen. Schließlich gilt Uranus/Wassermann als Repräsentant von Freiheit und Unabhängigkeit. Doch wir haben bereits gesehen, dass Uranus und Prometheus einen starken Bezug zum Thema Schmerz und Leid haben. Und wir finden in Kampuschs Horoskop die Verbindung von Uranus mit Saturn – Freiheit ist nur möglich, wenn auch der Gegenpol vorhanden ist.

Betrachten wir die Konjunktion genauer: Beide Planeten stehen auf 0° Steinbock sowie an der Spitze des elften Hauses. Saturn und

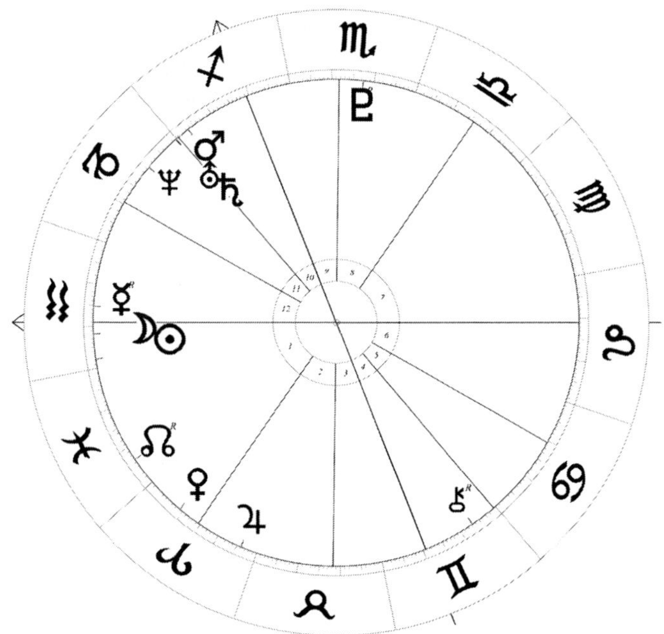

Abbildung 9: Natascha Kampusch

Uranus sind miteinander verknüpft, bedingen einander: Freiheit ist nicht denkbar ohne Restriktion, und gleichzeitig trägt jede Einschränkung den Keim des Ausbruchsversuchs in sich. Eine herausfordernde Konstellation, die kaum leb- und umsetzbar scheint. Natascha Kampuschs ebenso außergewöhnliches wie tragisches Leben mag dadurch ein wenig erklärbar sein.

Interessant ist in diesem Zusammenhang, dass einen Tag nach Kampuschs Geburt, am 18. Februar 1988, Michail Gorbatschow verkündet hat, dass jeder Ostblockstaat von nun an sein gesellschaftliches System frei wählen könne – Startschuss für den Zusammenbruch des Sowjetimperiums. Wir sehen daran, auf welch vielfältige Art und Weise sich diese Konstellation manifestiert und gleichzeitig immer wieder ihr ureigenes Thema zum Ausdruck bringt.

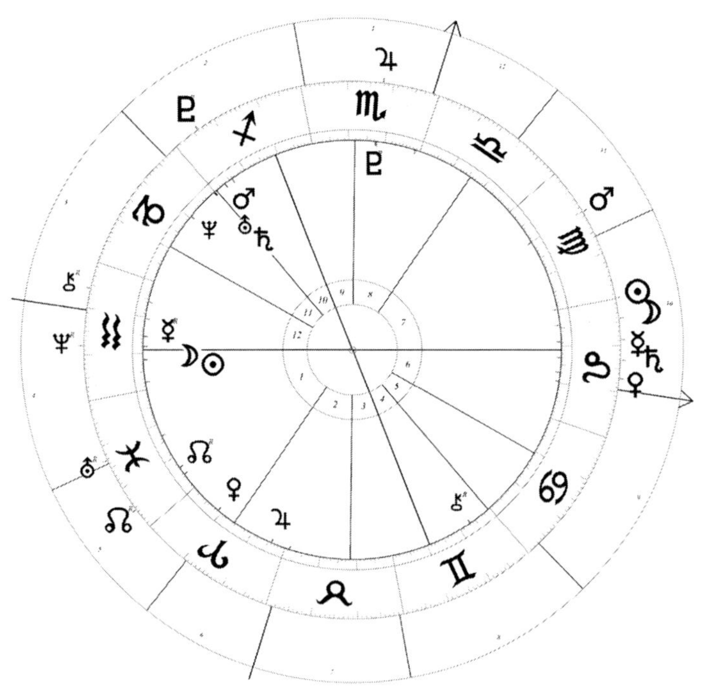

Abbildung 10: Transite am Tag der Flucht

Wo stehen Saturn und Uranus bei Kampuschs Entführung und bei ihrer Flucht? Am 2. März 1998, dem Tag der Entführung, bilden Saturn und Uranus ein Quadrat (Orbis 8°), wodurch das Thema Ende (Saturn) der Freiheit (Uranus) anklingt. Das Quadrat erstreckt sich bei Kampusch von Haus zwölf (Uranus) zu Haus zwei (Saturn). Der schnellere Saturn hat gerade Spitze Haus zwei überlaufen und signalisiert dadurch die Entbehrungen im materiellen Bereich, die sie wird erleiden müssen, in konkreter Form auch das karge Kerkerverlies, das sie erwartet.

Als weitere Transite seien genannt: Der laufende Pluto steht an Kampuschs MC (dramatisches Schicksal); Transit-Chiron überquert Spitze Haus neun (unheilvolle Begegnung mit Fremden), wobei er gleichzeitig ein Quadrat auf ihre AC/DC-Achse schlägt.

Am 23. August 2006, dem Tag der Flucht, konstelliert sich ein Löwe-Stellium am Himmel mit einem Neumond am Ende des Zeichens. Merkur und Saturn, ebenfalls Teil davon, stehen an Kampuschs DC, wobei Saturn Mitherrscher von Haus elf ist, somit uranischen Charakter hat. Die starke Transitballung im siebten Haus signalisiert, dass sich das Fenster nach außen öffnet.

Der laufende Mars, ebenfalls in sieben, gibt Kampusch die Kraft, diese Gelegenheit zu nutzen: Da Mars sich gleichzeitig in Opposition zum laufenden Uranus befindet, gelingt der Befreiungsversuch. Transit-Uranus steht außerdem im Quadrat zu Kampuschs MC, womit Saturn/Uranus gegeben ist, die klassische Ausbruchskonstellation.

Ergänzend seien genannt: Kampuschs Mondknoten-Wiederkehr, der laufende Neptun auf ihrem AC (Auflösung der bisherigen Persönlichkeitsstruktur) sowie Transit-Jupiter im Quadrat zu Kampuschs AC (plaktisch) und zu ihrem Merkur (als Herrscher von Haus vier).

Vom Täter Priklopil ist nur der Geburtstag (14. Mai 1962), nicht jedoch die Geburtszeit bekannt. Interessant ist aber, dass er unter Saturn in Wassermann geboren ist, Saturn/Uranus also auch bei ihm gegeben ist. Zudem ist es möglich, dass seine Sonne auf 23° Stier steht, einem Saturn/Uranus-Grad. Saturn in Wassermann können wir bei Priklopil als Einschränkung (Saturn) der Freiheit (Wassermann) lesen, wobei es in diesem Fall die Freiheit seines Opfers ist, er sich also in die Position des Saturn-Vertreters gesetzt hat.

Priklopils Saturn steht auf seiner Mondknotenachse, was darauf schließen lässt, dass er in seinem Leben über weite Strecken in alte, verzerrte Saturn-Rollen zurückgefallen ist und keinen adäquaten Ausdruck dieser Energie gefunden hat. Seine Saturn/Südknoten-Konjunktion fällt in Kampuschs zwölftes Haus (Abgeschiedenheit, Gefängnis) sowie auf ihren Merkur. Dieser ist ihr IC-Herrscher, repräsentiert also ihr Zuhause. Ein mehr als stimmiges Bild für den Umstand, dass Priklopil das Mädchen jahrelang in einem engen Kellerversteck von der Außenwelt abschirmte, was damit tatsächlich ihr »Zuhause« gewesen ist.

Natascha Kampusch hat insgesamt 3096 Tage in ihrem Gefängnis verbracht – so lautet auch der Titel ihres Buches, das sie 2010, unter einer Saturn/Uranus-Opposition, veröffentlicht: 3096 TAGE[37].

Zorniger Prometheus

Zu den Saturn/Uranus-Persönlichkeiten zählt auch Johann Wolfgang von Goethe. Der Frankfurter, geboren am 28. August 1749 um 12:00 Uhr, ist Spross einer wohlhabenden Patrizierfamilie. Er erhält Privatunterricht, lernt sieben Sprachen und liest neben klassischer Literatur auch Robinson Crusoe und die Märchen aus Tausendundeiner Nacht.

Eine psychische Erschütterung erlebt er – noch ein Kind – als 1755 ein Erdbeben die Stadt Lissabon fast vollständig zerstört. Später beschreibt er in DICHTUNG UND WAHRHEIT (1811) diese Erfahrung, die gleichsam sein Saturn/Uranus-Quadrat aktiviert:

> Der Knabe (...) war nicht wenig betroffen. Gott, der Schöpfer und Erhalter Himmels und der Erden, den ihm die Erklärung des ersten Glaubensartikels so gnädig vorstellte, hatte sich, indem er die Gerechten mit den Ungerechten gleichem Verderben preisgab, keineswegs väterlich bewiesen. Vergebens suchte das junge Gemüt sich gegen diese Eindrücke herzustellen, welches überhaupt umso weniger möglich war, als die Weisen und Schriftgelehrten selbst sich über die Art, wie man ein solches Phänomen anzusehen habe, nicht vereinigen konnten.[38]

[37] Ein ähnliches Beispiel: Merhan Kaimi Nasseri wird 1942 unter einer Saturn/Uranus-Konjunktion im Iran geboren. Aufgrund seiner Proteste gegen den Schah weist man ihn 1977 dort aus (Quadrat). Er landet 1988 (Konjunktion) auf dem Pariser Flughafen Charles de Gaulle, wo er 18 Jahre lang lebt. Ohne Herkunftspapiere kann er weder den Flughafen verlassen, noch irgendwo anders hinfliegen, er ist dort »gestrandet«. Ironischerweise ist es ausgerechnet ein Flughafen (Uranus), auf dem er jahrelang festsitzt (Saturn). 2004 bringt Steven Spielberg den Film TERMINAL heraus, der das Schicksal Nasseris nacherzählt.

[38] Zitiert nach: Anja Höfer: Johann Wolfgang von Goethe. München 1999. S. 14.

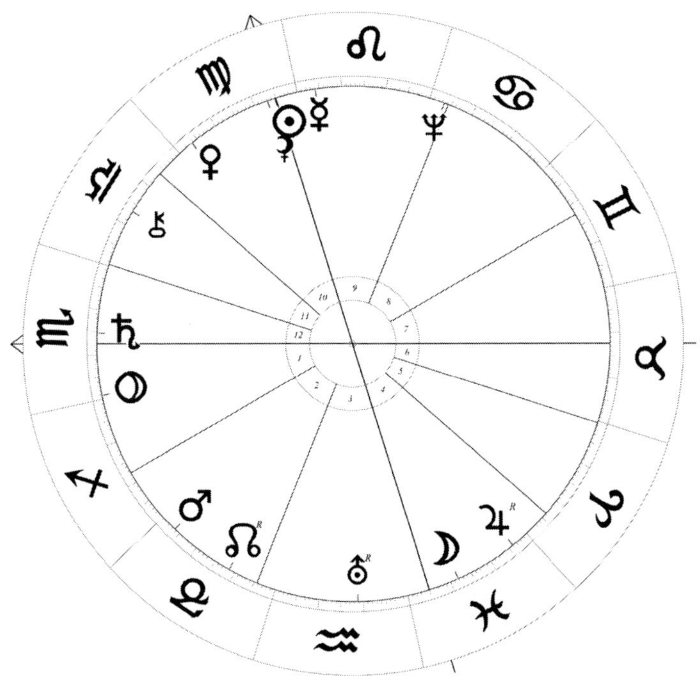

Abbildung 11: Johann Wolfgang von Goethe

Goethe studiert Jura und erhält 1771 die Zulassung zum Rechtsanwalt (Sonne in Jungfrau; Saturn am AC). Doch es zieht ihn magisch zur Literatur (Fischemond in Haus vier in Opposition zur Sonne am MC), so bricht er schließlich mit einer bürgerlichen Laufbahn als Jurist (Saturn/Uranus-Quadrat).

1773 erscheint GÖTZ VON BERLICHINGEN, es folgen DIE LEIDEN DES JUNGEN WERTHER (1774), IPHIGENIE AUF TAURIS (1779) und EGMONT (1788). Den sogenannten URFAUST schließt er 1775/76 ab; er wird unter dem Titel FAUST – EIN FRAGMENT im Jahr 1790 publiziert. Später folgen WILHELM MEISTERS LEHRJAHRE (1795/96) und DIE WAHLVERWANDTSCHAFTEN (1809). Am 13. April 1806 vollendet er FAUST. DER TRAGÖDIE ERSTER

TEIL. Am 22. März 1832 stirbt Goethe in Weimar, der zweite Teil des Faust wird kurz danach posthum veröffentlicht.

Goethe ist ein typischer Saturn/Uranus-Geborener: Bei ihm stehen Saturn und Uranus im Quadrat, wobei die AC/DC-Achse individuell eingebunden ist, da sich Saturn direkt am Aszendenten befindet. Saturn/Uranus zeigt sich bei Goethe darin, dass er immer wieder Fluchten aus der bürgerlichen Enge gesucht hat (z.B. Reisen nach Italien), aber auch in Berufswechseln und anderen Brüchen. Und auch der Widerstreit zwischen seiner Beschäftigung als Naturforscher auf der einen Seite und die Tätigkeit als Poet auf der anderen zeigt Saturn/Uranus-Ambivalenz. Saturn/Uranus verleiht Goethe literarisch Ausdruck in seinem PROMETHEUS (1774)[39]. Darin klagt Prometheus Göttervater Zeus an und zürnt ihm:

Ich kenne nichts Ärmer's
Unter der Sonn' als euch Götter.
Ihr nähret kümmerlich
Von Opfersteuern
Und Gebetshauch
Eure Majestät
Und darbtet, wären
Nicht Kinder und Bettler
Hoffnungsvolle Toren.

Prometheus ist ein typisches Beispiel für den rebellischen Charakter des Sturm-und-Drang, dessen Hauptvertreter Goethe gewesen ist. Widerstand und Aufruhr (Uranus) gegen Autoritäten (Saturn) sind Maximen dieser Bewegung.

Die Ambivalenz von Saturn/Uranus zeigt sich bei Goethe zudem im Verhältnis zur Französischen Revolution. Er ist ein Zeitgenosse dieses Ereignisses, und als Exponent des Sturm-und-Drang

[39] Prometheus hat noch weitere Saturn/Uranus-Autoren inspiriert, etwa Percy Bysshe Shelley (1792–1822; Saturn am AC; Sonne/Uranus-Konjunktion) oder Heiner Müller (1929–1995; Sonne und Mond in Steinbock; Merkur in Wassermann; Mond Quadrat Uranus).

sollte man meinen, er würde dem uranischen Charakter, der sich darin offenbart, positiv gegenüberstehen. In der Tat ist es so, dass er – obwohl er sich im Dienst von Karl-August von Weimar (1757–1828) befindet – das Unrecht des Adels gegenüber der Bevölkerung wahrnimmt. Dennoch stößt ihn das Vulkanische, der eruptive Ausbruch der Revolution ab.

Goethe ist eher ein Reformer, ein Anhänger von evolutionärer Veränderung, als ein Revolutionär. In den Monaten nach der Französischen Revolution beschäftigt er sich bezeichnenderweise mit dem Vulkanismus, der ihn sehr beunruhigt. Es scheint, als habe er Saturn/Uranus dadurch nach außen projiziert, und sich so besonders intensiv damit beschäftigt.

Faust

Goethes Hauptwerk ist das Drama FAUST, dessen Gestaltung ihn fast sein Leben lang begleitet: Bereits als Knabe liest er in einem Volksbuch die Sage des Dr. Johann Fausten, eines »Zauberers und Schwarzkünstlers«. Als Student macht er Bekanntschaft mit einem »Faust«-Puppenspiel sowie mit dem Theaterstück DIE TRAGISCHE GESCHICHTE VON LEBEN UND TOD DES DOKTOR FAUSTUS (1589), das vom Engländer Christopher Marlowe (1564–1593) stammt. Als Student bringt Goethe erste eigene Entwürfe zu Papier; 1808 wird der erste Teil fertiggestellt, am 19. Januar 1829 erlebt FAUST I die Uraufführung, 1832 erscheint Teil zwei.

Faust basiert auf der Lebensgeschichte des Arztes, Astrologen und Magiers Johannes Faust, der zwischen 1480 und 1536/40 gelebt haben soll. Er stand in Verbindung mit humanistischen Gelehrtenkreisen; sein plötzlicher und mysteriöser Tod gibt allerdings auch Anlass zu der Vorstellung, ihn habe der Teufel geholt.

In Goethes Drama schließt der betagte Gelehrte tatsächlich einen Pakt mit Mephistopheles, dem Teufel. Sein irdisches Leben verpfändet er gegen den Wunsch, noch einmal *einen* erfüllten, schönen Augenblick genießen zu dürfen. Mephistopheles nimmt Faust

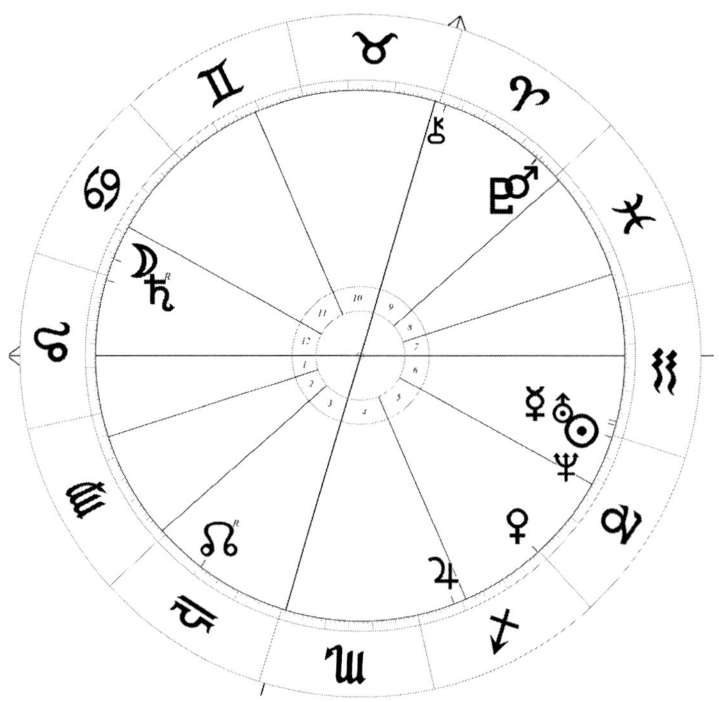

Abbildung 12: Uraufführung Faust

mit auf eine Zeitreise, hilft ihm sogar dabei, das junge Gretchen zu verführen.

Doch Faust richtet sie zugrunde. Er schwängert Gretchen und führt den Tod ihres Bruders sowie ihrer Mutter herbei. Daraufhin bringt Gretchen das Kind unehelich zur Welt, tötet es anschließend im Wahn. Faust will sie vor der Hinrichtung retten, doch er scheitert: Er muss sie ihrem Schicksal und der Gnade Gottes überlassen.

Werfen wir einen Blick in das Horoskop der Faust-Uraufführung (19. Januar 1829; 18:00 Uhr, Braunschweig), so sticht der Saturn/Uranus-Bezug ins Auge: Die Sonne steht auf 29° Steinbock, einem Saturn/Uranus-Grad, zudem befindet sie sich in Konjunktion mit Uranus und in Opposition zu Saturn. Auffällig ist das Stellium aus Neptun, Sonne, Merkur und Uranus im Bereich

Steinbock/Wassermann. Ergänzt wird es durch den Mond gegenüber im Krebs-Zeichen, der in die Opposition von Saturn/Uranus eingebunden ist.

Das Horoskop zeigt als Anlage einen Löwe-Aszendenten, d.h. es geht um die männliche Individuation, in diesem Fall um den Gelehrten Faust, der in einer Lebenskrise steckt. Die Sonne steht in Haus sechs und in Opposition zu Saturn: Der Mann ist ausgebrannt, von seiner Arbeit frustriert, zerrissen (Saturn/Uranus) und unverstanden (Sonne/Merkur im Quadrat zu Chiron). Erkenntnisdrang und Hybris (Merkur/Uranus in Wassermann) führen ihn zu den Geheimnissen, die hinter der Alltagswelt liegen, zu den »letzten Dingen« (Mond und Saturn in Haus zwölf).

Mars, ebenfalls Indikator für das Männliche, steht im neunten Haus im Zeichen Widder sowie in Konjunktion mit Pluto. Ein treffendes Bild für den waghalsigen Forscher (Widder), der sich um der Erkenntnis willen (Haus neun), aber auch, um noch einmal seine Lebensenergie zu spüren (Widder), an den Hals des Teufels (Pluto) wirft. Als sich Mephistopheles vorstellt, betont er, er sei

> Ein Teil von jener Kraft,
> Die stets das Böse will und stets das Gute schafft.[40]

Aus diesen berühmten Worten vernehmen wir die Ambivalenz von Saturn/Uranus, aber auch ihr geheimnisvolles Zusammenwirken. Saturn/Uranus zeigt sich zudem in der fantastischen Geschichte, die uns in die Grenzgefilde des Daseins führt, und in der archetypischen Darstellung des Faust, einem Sinnbild des Menschen, hineingestellt in die Polarität von Himmel und Hölle.

Doppelgesicht

Über den nächsten Saturn/Uranus-Geborenen hat sich der Geheimrat Goethe wenig wohlwollend geäußert. Er notierte über ihn

[40] Johann Wolfgang Goethe: *Faust.* Herrsching 1982. S. 54.

und sein Werk: »*Wir müssen uns von diesen Rasereien lossagen, wenn wir nicht selbst toll werden wollen.*«[41]

Der Angesprochene, E.T.A. Hoffmann, gilt als typischer Vertreter der Schwarzen Romantik. In seinen Erzählungen mischen sich fantastische Motive mit der Darstellung der bürgerlichen Alltagswelt, deren hohle Fassade er entlarvt.

Hoffmann wird am 24. Januar 1776 um 12:00 Uhr als dritter Sohn des Hofgerichtsadvokaten Christoph Ludwig Hoffmann (1736–1797) und dessen Cousine Lovisa Albertina (1748–1796) in Königsberg geboren. Aus Verehrung zu Mozart wird er später seinen dritten Vornamen in Amadeus umtauschen.

Aus einer ostpreußischen Juristenfamilie stammend, schlägt Hoffmann ebenfalls diese Laufbahn ein. Während des Studiums der Rechtswissenschaften produziert er bereits fleißig literarische Manuskripte, allerdings nur für die Schublade.

Sein Beruf führt ihn über Glogau und Berlin nach Posen, wo er Goethes Singspieltext SCHERZ, LIST UND RACHE vertont; seine eigentliche Leidenschaft gilt nämlich der Musik (Fischemond in Opposition zu Neptun). Er zeichnet aber auch begeistert Karikaturen (Wassermannbetonung), was ihm schließlich zum Verhängnis wird: Nachdem er satirische Bilder seiner Vorgesetzten aufs Papier brachte, wird er in das Provinznest Plock an der Weichsel versetzt.

Bald darauf wird Hoffmann zum Regierungsrat in Warschau ernannt, wo er mehrere Singspiele komponiert und Sinfonien von Beethoven (1770–1827) dirigiert. Nach einem kurzen Zwischenstopp in Berlin trifft Hoffmann im September 1808 in Bamberg ein. Hier entfaltet der quirlige Exzentriker zahlreiche künstlerische Aktivitäten (Jupiter am Zwillinge-AC): Er inszeniert das KÄTHCHEN VON HEILBRONN, betätigt sich als Musikkritiker und schreibt den RITTER GLUCK (1809) sowie die Erzählungen, die später in die vierbändige Sammlung FANTASIESTÜCKE IN CALLOTS MANIER (1814/15) münden. 1814 erscheint DER GOLDNE TOPF.

[41] Zitiert nach: Manfred Wacker: Nachwort. In: Hoffmann, E.T.A.: *Der Sandmann/Das öde Haus.* Stuttgart 1989. S. 85.

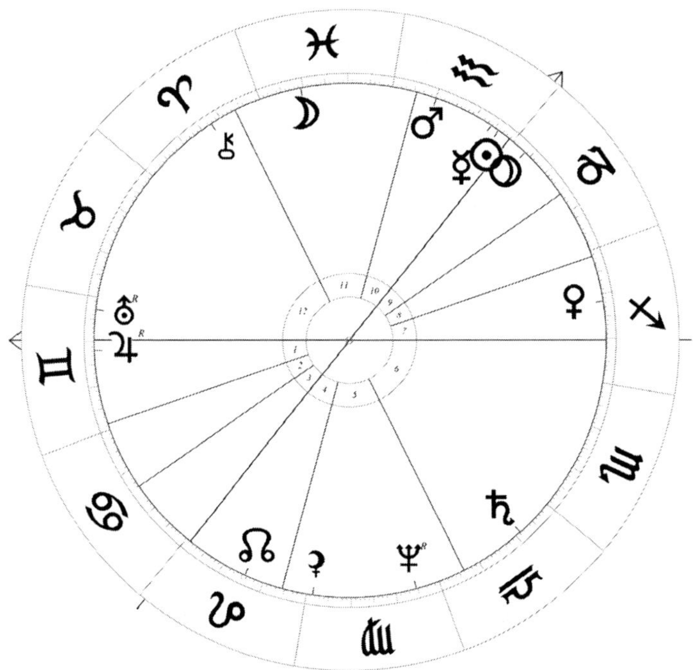

Abbildung 13: E. T. A. Hoffmann

Hoffmann, mittlerweile wieder in Berlin angestellt, schreibt dort weitere Märchen, etwa NUSSKNACKER UND MAUSEKÖNIG (1816), KLEIN ZACHES GENANNT ZINNOBER (1819) oder MEISTER FLOH (1822). Andere Werke von ihm sind DIE ELIXIERE DES TEUFELS (1815/16), die NACHTSTÜCKE (1816/17) und das Romanfragment LEBENSANSICHTEN DES KATERS MURR (1820/22).

Bei Hoffmann finden wir eine starke Saturn/Uranus-Betonung: Sonne, Merkur und Mars stehen im Wassermann sowie im zehnten Haus. Bedenkt man die unsichere Uhrzeit (angeblich exakt 12:00 Uhr), so ist auch eine MC-Position auf 29° Steinbock bis 1° Wassermann denkbar. Das Gefühl der Zerrissenheit und Disharmonie prägt demnach das Werk Hoffmanns, darin mischen sich Grauen und Ironie. Hoffmann hat – nicht selten im Alkoholrausch – Schauergeschichten erschaffen, in denen er mit dem Entsetzen Schabernack treibt. Die Zerrissenheit zwischen Alltag und Poesie, zwischen Tag und Traum ist immer wiederkehrendes Motiv seiner Erzählungen.

Das janusartige Doppelgesicht von Saturn/Uranus zeigt sich zudem in seiner Doppelexistenz als Jurist und Künstler: Die tägliche Fron in der Amtsstube steht im harschen Kontrast zu seinen kreativen Tätigkeiten, die er des Nachts betreibt. Am 25. Juni 1822 stirbt E.T.A. Hoffmann in Berlin.

Der Sandmann

Mit seiner 1816, unter Saturn in Wassermann, erschienenen Erzählung DER SANDMANN gelingt Hoffmann eine literarische Umschreibung von Saturn/Uranus: Es geht darin um den Studenten Nathanael, dessen Welt durch die Begegnung mit dem Wetterglashändler Coppola erschüttert wird. Dieser erinnert ihn an den Anwalt Coppelius, der bei ihm ein Kindheitstrauma hinterließ: Der unsympathische Advokat hat beim Experimentieren mit alchemistischen Substanzen Nathanaels Vater in den Tod gerissen.

Clara, die Verlobte von Nathanael, versucht ihren Geliebten zu beruhigen, mahnt ihn zur Vernunft. Doch der überreizte Student verwickelt sich immer mehr in seine Vorstellungen und verliebt sich in Olimpia, die Tochter des Professors Spalanzani. Diese entpuppt sich als Automatenfigur, was Nathanael in eine Anstalt für Geisteskranke bringt.

Scheinbar genesen, macht Nathanael am Ende mit Clara einen Ausflug auf einen Turm. Als er von dort in einer Menschenmenge Coppelius zu erblicken scheint, erwacht erneut der Wahnsinn in ihm, und er stürzt sich in den Tod.

Nathanael ist in DER SANDMANN hin- und hergerissen zwischen Saturn und Uranus: Sein Vater, der an alchemistischen Experimenten beteiligt war, hat ihm das Uranische in die Wiege gelegt. Dies zeigt sich bereits an seinem ungewöhnlichen Namen Nathanael, der aus dem Hebräischen kommt und »von Gott gegeben« heißt. Außerdem ist er ein exzentrischer junger Student, der dichtet und davon träumt, als Schriftsteller ein ungebundenes Leben abseits der Konventionen zu führen.

Seine Verlobte Clara verkörpert das Bürgerliche, ihr Name verheißt »klare Sicht« auf die Dinge, damit auch ein Dasein in geordneten Bahnen; sie ist die Saturn-Repräsentantin. Als sich Nathanael in Olimpia verliebt, demaskiert der Autor Clara und zugleich das Prinzip der Bürgerlichkeit als einen seelenlosen Mechanismus – denn Olimpia ist ein Automat, ein früher Vorläufer des Roboters.

Coppelius/Coppola hingegen entspricht Uranus: Er bricht wie ein Unwetter über die Familie herein, zeigt fremdartige, auch deutlich despotische Züge. Er ist eine Vatergestalt, die sich weiter noch als Nathanaels leiblicher Vater auf uranisches Terrain vorgewagt hat – mit seinen alchemistischen Forschungen rührt er gar an Gottes Schöpfung.

Als eine Weiterentwicklung von Nathanaels Vater, sozusagen dessen zukünftige Gestalt, löst Coppelius' Erscheinen beim Jungen Furcht und Abwehr aus; Nathanael sieht in ihm einen dämonischen Störenfried, denn er erkennt – unbewusst – in ihm das wahre, unverhüllte Gesicht des Vaters: des prometheischen Menschen, der bereit ist, Grenze zu überschreiten. Gleichzeitig ist Nathanaels Blick auf Coppelius ein Blick in die eigene Zukunft, denn das uranische Erbe schlummert auch in ihm.

In der Folge verdrängt Nathanael Coppelius und wendet sich Clara zu, einer Gestalt, die ihm die nötige saturnische Erdung verleiht, die der überspannte Uranier auch dringend braucht. Durch die fatale Begegnung mit dem Wetterglashändler Coppola wird Nathanaels Kindheitstrauma getriggert, gleichzeitig begehrt Uranus erneut Einlass in sein Leben: Clara/Olimpia entpuppen sich als fade Maschinen, die den uranischen Ansprüchen an Lebendigkeit und Tiefe nicht standhalten können – Nathanael verliert sich im Wahnsinn (Uranus).

Sein letztendlicher Sturz von einem Turm – ein Uranus-Symbol

– kann mehrdeutig gelesen werden: Als Warnung vor Uranus, vielleicht aber auch als Ausdruck der Zerrissenheit zwischen Saturn und Uranus, oder aber – im Sinne einer radikalen romantischen Idee – als finales Aufgehen in uranische Wahnvorstellungen, als exiszentialistische Absage an die bürgerlich-saturnine Welt.

Seewolf und Sozialist

Ein Kollege von E.T.A. Hoffmann ist der Autor Jack London, der am 12. Januar 1876 um 14:00 Uhr in San Francisco/USA unter dem Namen John Griffith geboren wird. Sein Vater ist der Astrologe und Abenteurer William Henry Chaney (1821–1903). Später nennt John Griffith sich Jack London.

Die Opposition aus Saturn und Uranus steht bei ihm nicht nur in Verbindung mit Mond, Venus, Jupiter und Pluto, sondern erstreckt sich auch entlang seiner IC/MC-Achse. Zudem sind bei ihm die Häuser zehn (Venus, Saturn) und elf (Mars, Nordknoten, Chiron) besetzt, ebenso die Zeichen Steinbock (Sonne) und Wassermann (Merkur, Venus, Saturn, MC).

Londons Familie lebt in ärmlichen Verhältnissen, der Junge muss früh zum Einkommen beitragen; unter anderem jobbt er als Wirtshaushelfer und als Arbeiter in einer Konservenfabrik. Mit 14 läuft er von zu Hause weg, schlägt sich als Landstreicher und als Matrose auf einem Robbenfänger durch.

Er bildet sich autodidaktisch weiter, verschlingt die großen Werke der Weltliteratur. Mit 18 holt er seinen Schulabschluss nach und geht als Werkstudent an die Universität von Berkeley. Als der Goldrausch am Klondike ausbricht, verlässt er die Uni und versucht sich als Glücksritter und Goldschürfer.

1898 kehrt er aus Alaska zurück und fängt an, seine Erlebnisse aufzuschreiben. Als eine Geschichte bei einem Preisausschreiben den Hauptpreis gewinnt, beschließt London, vom Schreiben zu leben. Zu seinen berühmtesten Büchern zählen FRISCO KID (1902), RUF DER WILDNIS (1903), DER SEEWOLF (1904) und WOLFSBLUT

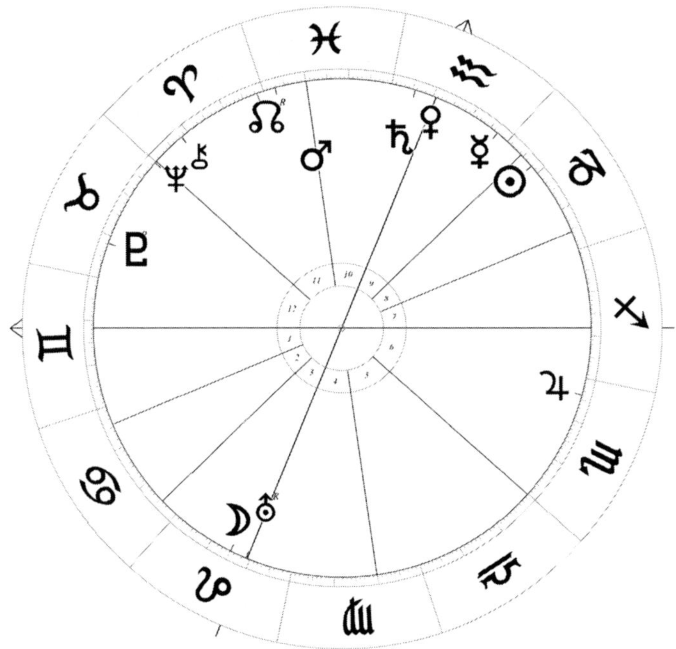

Abbildung 14: Jack London

(1906). DER SEEWOLF wird, wie viele von Londons Büchern, kontrovers diskutiert. London polarisiert immer wieder, worin sich die Spannung aus Saturn und Uranus ausdrückt.

1906 erlebt er Saturn/Uranus auf dramatische Weise: Er ist Augenzeuge des Jahrhunderterdbebens in San Francisco und verfasst darüber einen Bericht für das COLLIER'S MAGAZINE.

Saturn/Uranus-typisch ist auch Londons widersprüchliches Weltbild. Denn obwohl er bis kurz vor seinem Tod Mitglied der Sozialistischen Partei ist und sich für diese sogar – erfolglos – um das Bürgermeisteramt der Stadt Oakland bewirbt, zählen zu seinen geistigen Vorbildern sozialdarwinistische Theoretiker. Am 22. November 1916 stirbt London, gerade einmal 40 Jahre alt: Unter nie ganz geklärten Umständen begeht er auf seiner Farm im kalifornischen Glenn Ellen Selbstmord.

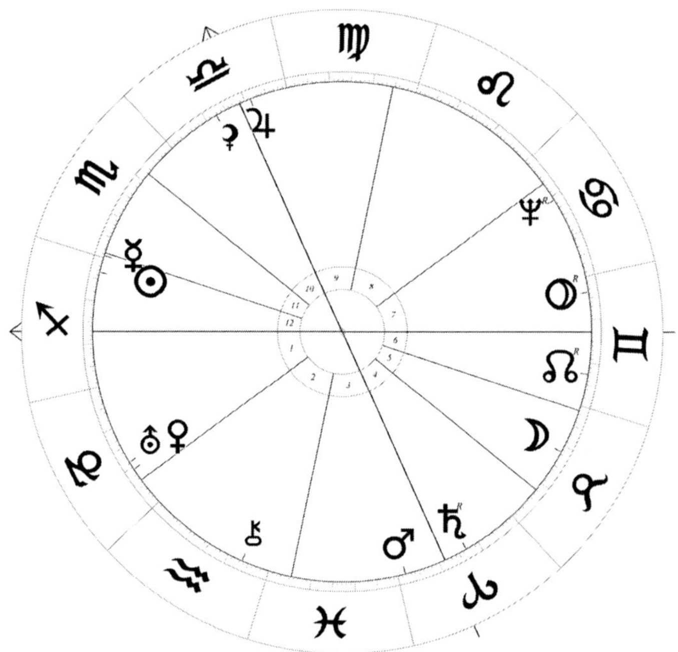

Abbildung 15: Eugène Ionesco

Im Zeichen des Grotesken

Eugène Ionesco, Dramatiker des Grotesken, ist unser nächster Saturn/Uranus-Autor. Er wird am 26. November 1909 um 08:30 Uhr im rumänischen Slatina geboren. In seinem Horoskop befindet sich eine Steinbock-Venus in Verbindung mit einem Saturn/Uranus-Quadrat. Die Gespaltenheit von Saturn/Uranus zeigt sich bereits darin, dass er – als Sohn eines Rumänen und einer Französin – zeitlebens zwischen zwei Kulturen gefangen ist.

Ionesco studiert französische Literatur und habilitiert sich. Neben seiner Tätigkeit als Literaturprofessor schreibt er Zeitungskritiken. Mit einem Streich beendet er diese Profession: Er veröffentlicht überschwängliche Kritiken über literarische Größen des Landes in einer Zeitung, während er dieselben Autoren in anderen Publikationen negativ rezensiert. Dadurch führt er die Literaturkritik ad absurdum, ist als Kritiker aber nicht mehr haltbar. 1938 reist er nach Paris und beginnt Theaterstücke zu schreiben.

Ionesco zählt – neben Samuel Beckett (1906–1989) und Jean Genet (1910–1986) – zu den wichtigsten Vertretern des absurden Theaters. Unter dem Einfluss des Existenzialismus entsteht dieses »sinnfreie« Theater nach dem Zweiten Weltkrieg und richtet sich mit seiner spontanen, unvermittelt einsetzenden Handlung gegen das klassische Dramenverständnis. Neben DIE KAHLE SÄNGERIN (1950) und DIE STÜHLE (1952) ist DIE NASHÖRNER (1959) das wohl populärste Stück des 1994 verstorbenen Rumänen.

Ein weiterer Meister des Grotesken ist der Schriftsteller Friedrich Dürrenmatt. Er wird als Sohn eines Pfarrers am 5. Januar 1921 um 06:00 Uhr in Konolfingen im Schweizer Kanton Bern geboren. Nach einem kurzen Studium der Philosophie und Germanistik beginnt Dürrenmatt mit dem Schreiben für die Bühne. Bereits an seinem ersten Drama, dem 1947 aufgeführten ES STEHT GESCHRIEBEN, scheiden sich die Geister. Zu seinen bekanntesten Werken gehören EIN ENGEL KOMMT NACH BABYLON (1953), DER BESUCH DER ALTEN DAME (1956) und DIE PHYSIKER (1962).

In der am 29. Januar 1956 in Zürich uraufgeführten »Dame« geht es um ein längst vergangenes Verbrechen. Nach vielen Jahren in Übersee kehrt eine alte Millionärin in ihre abgewirtschaftete Heimatstadt zurück, um Rache zu nehmen. Rache für das, was ihr damals angetan wurde: Ihr einstiger Geliebter hatte die Schwangere sitzen gelassen und obendrein dafür gesorgt, dass ihr Ruf für immer ruiniert war. Die Heimkehrerin macht den Einwohnern ein grausames Angebot: Eine Milliarde gegen den toten Geliebten von einst.

Das Drama trägt den Untertitel »Tragische Komödie«, worin wir die Gegensätzlichkeit von Saturn/Uranus erkennen: Mit Sonne, Merkur und Lilith ist das Zeichen Steinbock bei Dürrenmatt stark besetzt; ebenfalls prägend ist aber auch die Venus/Mars/Uranus-Konjunktion im Wassermann. Die Dominanz dieser Tierkreisenergien

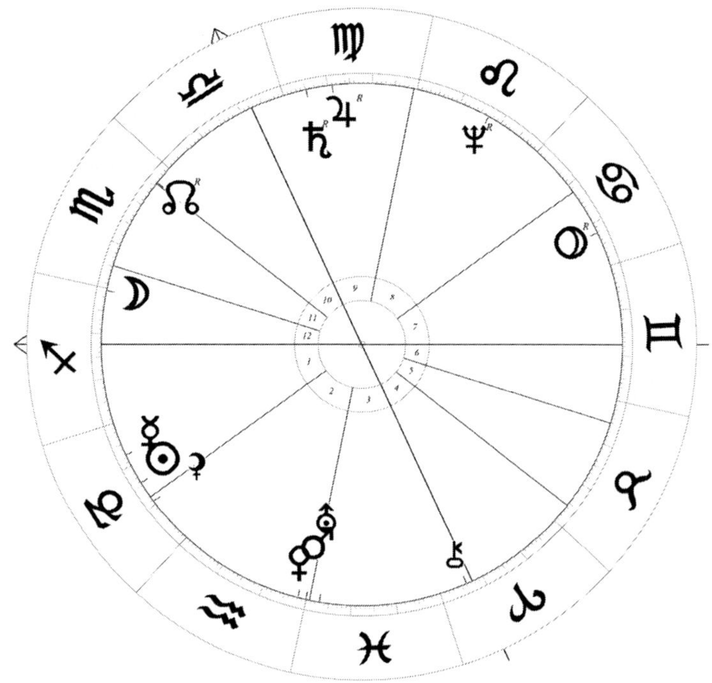

Abbildung 16: Friedrich Dürrenmatt

ergibt die Neigung zum Grotesken, eben zur tragischen Komödie. Friedrich Dürrenmatt stirbt am 14. Dezember 1990 in Neuenburg.

Zeitkritik

Als zeitkritischer Autor hat sich der nächste Geborene, Heinrich Böll, einen Namen gemacht. Er wird am 21. Dezember 1917 um 08:00 Uhr in Köln geboren. Saturn und Uranus stehen in Opposition, die Venus ist darin eingebunden. Zudem befinden sich Merkur und der aufsteigende Mondknoten im Steinbock-Zeichen, Venus und Uranus in Wassermann.

Bölls Herkunft ist bescheiden: Sein Vater ist Schreiner (Spitze

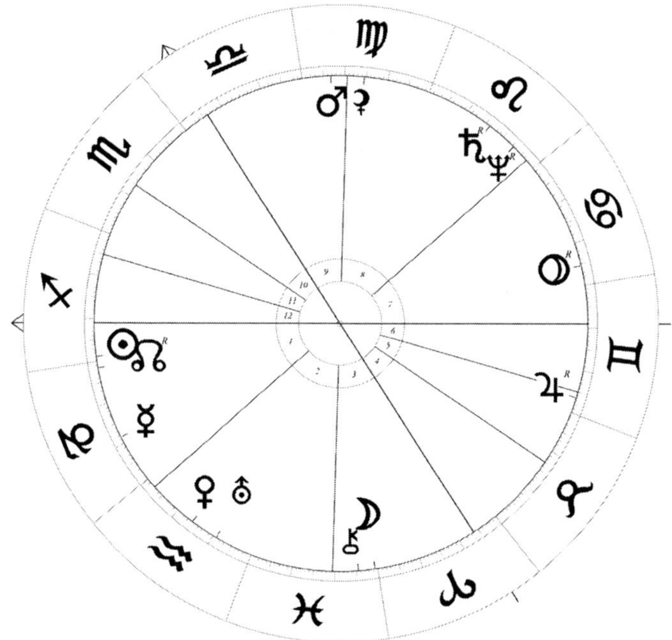

Abbildung 17: Heinrich Böll

Haus fünf in Stier), die Mutter Hausfrau. Heinrich ist das achte Kind, dementsprechend eng ist es in der kleinbürgerlichen Familie. Die Hyperinflation von 1923 führt zum Bankrott des väterlichen Geschäfts (Saturn/Uranus-Opposition), die Bölls müssen in ein ärmlicheres Quartier umziehen. Für den jungen Heinrich gleicht dies einer Vertreibung aus dem Paradies.

Nach dem Abitur im Jahr 1937 beginnt Böll eine Buchhändlerlehre, die er nach elf Monaten abbricht (Venus als MC-Herrscherin in Konjunktion mit Uranus in Wassermann; Wassermann Spitze Haus zwei; Saturn/Uranus). Stattdessen beginnt er ein Studium der Germanistik und Altphilologie, wird jedoch zu Beginn des Zweiten Weltkriegs einberufen. Während eines Fronturlaubs im Jahre 1942 heiratet er Annemarie Čech (1910–2004). Im April 1945 gerät er in amerikanische Kriegsgefangenschaft.

Nach der Heimkehr veröffentlicht er Kurzgeschichten in verschiedenen Zeitschriften. Einige davon werden in dem Band WANDERER, KOMMST DU NACH SPA versammelt, der 1950 herauskommt und Bölls erster Erfolg wird. 1951 gewinnt er mit der Satire DIE SCHWARZEN SCHAFE den Preis der Gruppe 47.

Es erscheinen weitere Bücher wie IRISCHES TAGEBUCH (1957), BILLARD UM HALBZEHN (1959), ANSICHTEN EINES CLOWNS (1963) und schließlich GRUPPENBILD MIT DAME (1971). Der letztgenannte Roman gibt den Ausschlag, dass Böll 1972 den Literaturnobelpreis verliehen bekommt.

In DIE VERLORENE EHRE DER KATHARINA BLUM (1974) setzt er sich kritisch mit dem gesellschaftlichen Klima zur Zeit des RAF-Terrors auseinander. Darin können wir Bölls Wassermann-Venus in Verbindung mit Uranus und Saturn erkennen. Durch sein Engagement wird er zum Paradebeispiel des kritischen Literaten, für manche gar zum »Moralapostel der Nation«. Am 16. Juli 1985 stirbt Böll in Kreuzau-Langenbroich.

Zwischen Himmel und Erde

Ein monotones, dumpfes Klopfen begleitet die Kamerafahrt durch stehende Autos. Der Regisseur Guido Anselmi befindet sich in einem der Wagen. Teilnahmslos beobachten die Umstehenden sein drohendes Ersticken; das Klopfen schwillt an, wird zum hämmernden Herzschlag. Schließlich gelingt es ihm, sich zu befreien. Er schwebt dem Himmel entgegen. Doch der Flug wird jäh gestoppt: Anwalt und Produzent fangen ihn mit einem Seil ein. Anselmi stürzt in die Fluten des Meeres. Dieser Traum leitet Federico Fellinis Film ACHTEINHALB ein. Am Premierentag (14. Februar 1963) befinden sich Sonne und Saturn in Wassermann, Merkur und Venus in Steinbock – Anselmi, Fellinis Alter Ego, schwebt konsequenterweise zwischen Himmel (Wassermann) und Erde (Steinbock).

Abbildung 18: Federico Fellini

Fellinis Sonne steht auf 29° Steinbock; zudem zeichnet sich bei ihm eine Mond/Merkur-Konjunktion ab, die ebenfalls Saturn/Uranus entspricht, da Merkur Herrscher des zehnten und Mond Herrscher des elften Hauses ist.

Fellini wird am 20. Januar 1920 um 21:00 Uhr in Rimini geboren. Sein Vater ist Geschäftsmann, die Mutter fördert früh seine künstlerischen Talente. Nach dem Abitur zieht er nach Rom, vorgeblich um Jura zu studieren. In Wahrheit schlägt er sich als Journalist und Karikaturist durch. Er verkehrt in Bohéme-Kreisen und hat teilweise keinen festen Wohnsitz. In dieser Zeit legt er mit seinem Lebenswandel den Grundstein für spätere Filme wie DIE MÜßIGGÄNGER (1953).

Nach dem zweiten Weltkrieg betreibt Fellini ein kleines Zeichenstudio, in dem sich amerikanische GI's Karikaturen anfertigen lassen. Hier wird er vom Regisseur Roberto Rossellini (1906–1977) entdeckt. Fellini schreibt zunächst Drehbücher und arbeitet als Regieassistent. 1950 inszeniert er seinen ersten Film: LICHTER DES VARIETÉ. Es folgen LA STRADA – DAS LIED DER STRASSE (1954), DIE NÄCHTE DER CABIRIA (1956) oder DAS SÜSSE LEBEN (1960), mit denen er sich einen Platz im Pantheon der großen Filmregisseure sichert.

Krise und Wandel

Mitte der Sechzigerjahre bildet sich eine Saturn/Uranus-Opposition, die unsere Gesellschaft nachhaltig erschüttert. Sie spielt sich auf Fellinis AC/DC-Achse ab; so ist es kein Wunder, dass dies auch für ihn eine Zeit der Krise und des Stilwandels ist: Felllinis Filme werden nun immer essayistischer, assoziativer und freier.

1965, die Opposition berührt bereits Fellinis AC/DC-Achse, dreht er seinen ersten Farbfilm: JULIA UND DIE GEISTER. Der Film thematisiert den Einbruch des Irrealen (Uranus) in eine geordnete Bürgerwelt (Saturn) am Beispiel der betrogenen Ehefrau Giulietta (Giulietta Masina; 1921–1994). Mit der Erschütterung der Ehe halten spiritistische Sitzungen, surrealistische Traumvorstellungen sowie Kindheitsvisionen Einzug in ihr Leben, stellen es gründlich auf den Kopf. Schlussendlich führt sie die psychische Krise (Saturn) in die Freiheit (Uranus).

In dieser Zeit scheitert auch Fellinis Lebensprojekt DIE REISE DES G. MASTORNA. Dieser Film hätte ein metaphysisches Opus über die spirituelle Seite des Sterbens werden sollen. Marcello Mastroianni (1924–1996) ist für die Hauptrolle und als Alter Ego Fellinis vorgesehen, zahlreiche Kulissen sind bereits gebaut – doch schließlich ist es Fellini selbst, der das Projekt zu Fall bringt.

Über die Ursachen ranken sich Gerüchte, u.a. heißt es, dass Fellini im Vorfeld der Produktion Wahrsager aufgesucht habe, die ihm zu der Annahme verhelfen, der Film würde sein letzter werden. Aus Angst, danach zu sterben, lässt er den Film dann platzen.

Dino De Laurentiis (1919–2010), der Produzent, ist darüber stinksauer, hat er doch bereits Millionen in das Projekt investiert. Er zieht vor Gericht und bekommt recht, woraufhin Wertgegenstände von Fellini beschlagnahmt werden.

Doch die Odyssee des Guiseppe Mastorna ist damit noch nicht beendet, denn so sehr De Laurentiis Geschäftsmann ist, so sehr schlägt auch das Herz eines Filmfanatikers in seiner Brust. Also raufen er und Fellini sich Anfang 1967 wieder zusammen und wagen einen neuen Anlauf: Mastroianni steht zwar nicht mehr zur Verfügung, dafür soll nun Ugo Tognazzi (1922–1990) die Titelrolle spielen.

Doch Fellini wird durch eine Krankheit erneut ein Strich durch die Rechnung gemacht: Am 10. April 1967 wird er bewusstlos aufgefunden und mit einer Rippenfellentzündung ins Krankenhaus gebracht. Nach einer wochenlangen Behandlung folgt die Kur in Manziana, nordwestlich von Rom. Nachdem zwischenzeitlich sogar Paul Newman (1925–2008) für die Hauptrolle vorgesehen war, verzögert sich der Drehbeginn erneut, und schließlich wandern die Rechte in die Hände eines anderen Produzenten.

Am besagten Apriltag 1967 befinden sich Uranus und Pluto in Fellinis erstem Haus, in der Nähe des Aszendenten. Merkur (als Herrscher von Haus zehn), Chiron und Saturn besetzen Haus sieben und signalisieren damit das schicksalhafte Ungemach, das ihn ereilt. Lilith hat soeben die Spitze des achten Hauses passiert. Außerdem konstelliert sich ein Widder-Neumond, ebenfalls in Haus acht, sowie im Quadrat zu Fellinis Mond/Merkur-Konjunktion, die Saturn/Uranus entspricht. Last but not least wandert Transit-Neptun über Fellinis nördlichen Mondknoten, wodurch treffend seine Bewusstlosigkeit symbolisiert wird.

Fellini versucht später mehrmals vergeblich, den Mastorna-Film doch noch auf die Beine zu stellen. Spuren davon finden sich in AMARCORD (1973) und GINGER UND FRED (1986). Im Sommer 1992 erscheint schließlich eine Comic-Adaption des Stoffes.

Satyricon

SATYRICON gilt als Fellinis Abrechnung mit den revolutionär-hedonistischen Sechzigern. Der 1969 aufgeführte Streifen ist ein grotesk-bizarrer Bilderrausch, der eine Gesellschaft (Saturn) schildert, die im Wandel (Uranus) begriffen ist.

Fellini kommentiert darin aus saturnischer Perspektive die zügellose Freiheit der Sechzigerjahre, die zwar zur Aufbruchsstimmung und zu orgiastischen Enthemmungen, aber auch zur Dekadenz und zur Dekonstruktion aller Werte geführt hat.

Der Filmpublizist Peter Gaschler (*1958) notiert über Fellinis Film:

> Ein Träumen verwandtes, unerklärbares und doch seltsam vertrautes Universum jenseits unserer Vorstellungen von Raum und Zeit (...) Satyricon ist ein zeitloses, provozierendes Meisterwerk aus den befreienden, wilden Sechzigern, ein zorniger Abgesang auf alles Feststehende (...) Satyricon ist ein Generalangriff auf unsere Art zu Sehen und zu Denken (...) Fellini bricht alle Regeln. Nichts ist bewusst oder unbewusst, nichts vorhersehbar. Die Menschen schweben wie bei Mario Bava in einer Zone zwischen Leben und Tod, Bewusstsein und Unterbewusstsein, nicht wissend, wer sie wirklich sind, in einer Welt voller Herausforderungen, die keine Anhaltspunkte, Erklärungen oder gar Lösungen bereithält (...) Fellinis nie vorher oder nachher gesehene Welt wirkt in ihrer im Zerfall begriffenen vorchristlichen Dekadenz extrem fremdartig, ausweglos und fragmentarisch wie unser Unterbewusstsein selbst (...) Satyricon ist, wie jedes andere Kunstwerk auch, ein beunruhigender, unverständlich anmutender dunkler Spiegel unserer eigenen, innersten, unverfälschten Gedanken und Widersprüche.[42]

Fellini selbst bezeichnet SATYRICON als

> Science Fiction im Sinne einer Reise ins Unbekannte, eines Planeten wie Merkur oder Mars, nur hier ein heidnischer Planet.[43]

[42] Peter M. Gaschler: *Meisterwerke des Science Fiction Films*. Passau 2006. S. 130f.
[43] Zitiert nach Gaschler 2006.

In den Siebziger- und Achtzigerjahren dreht Fellini weitere Filme, etwa DIE STADT DER FRAUEN (1979) oder SCHIFF DER TRÄUME (1983). Mit DIE STIMME DES MONDES kommt 1990 sein letzter in die Kinos; seine Mond/Merkur-Konjunktion hat ihm die Einflüsterungen des Erdtrabanten sicher klar und deutlich ans Ohr getragen. Am 31. Oktober 1993 stirbt er in Rom.

An Fellinis Todestag bildet sich eine gradgenaue Uranus/Neptun-Konjunktion im Steinbock-Zeichen, die direkt auf seinen Merkur fällt, wodurch Saturn/Uranus gegeben ist, da Merkur Herrscher von Haus zehn ist. Ferner ereignet sich eine Merkur/Mars/Pluto-Konjunktion, die sich um Fellinis nördlichen Mondknoten gruppiert. Der laufende Saturn (in Haus sechs) berührt mit einem Orbis von 7° Fellinis Radix-Uranus. Auffällig ist, dass sich die laufende Lilith fast exakt auf demselben Tierkreisgrad befindet, wie im April 1967 (11° bzw. 12° Widder) – dieses Mal signalisiert dieser Aufenthalt jedoch Fellinis endgültigen Abschied von der Welt (Haus acht).

Spagat

Der spätsymbolistische Maler Léon Spilliaert erblickt am 28. Juli 1881 um 10:00 Uhr in Ostende das Licht der Welt. Sein Vater arbeitet als Friseur und Parfümeur (Aszendent Waage; Uranus als Herrscher von fünf in zwölf). Diese Tätigkeit lässt ihn in den Rang eines Hoflieferanten aufsteigen; durch die Belieferung des belgischen Königs Leopold II. (1835–1909) erlangt die Familie sogar einen gewissen Wohlstand.

Spilliaert, der schon als Kind gern zeichnet, besucht ab 1899 die Kunstakademie in Brügge; im Januar 1900 verlässt er sie wieder (Mond als Herrscher von zehn in elf = Saturn/Uranus), bildet sich autodidaktisch weiter.

Die Bilder, die Spilliaert malt, haben eine geheimnisvolle Ausstrahlung: Motive sind Meer- und Strandlandschaften seiner Heimatstadt, doch er beschreibt nicht das sorglose Leben an der Küste,

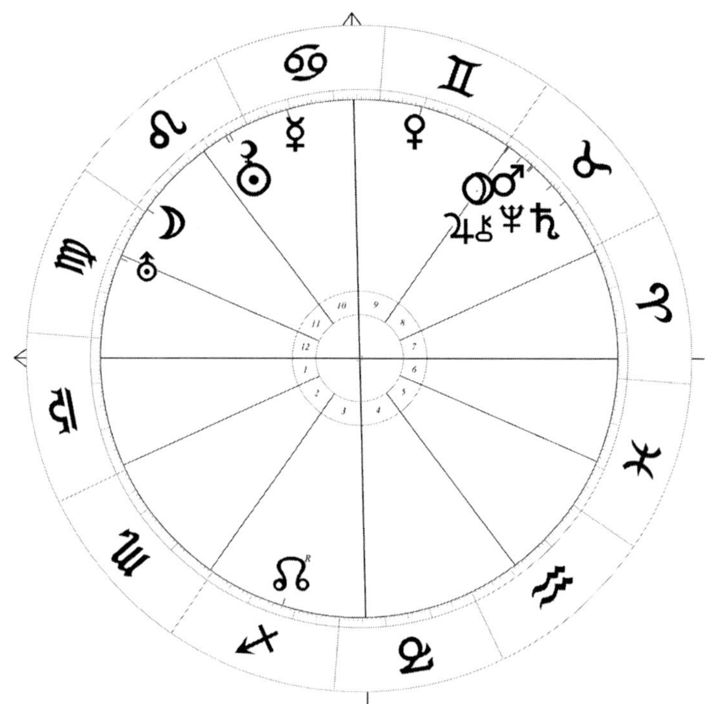

Abbildung 19: Léon Spilliaert

sondern zeigt triste, verlassene Orte, an denen sich einsame Menschen aufhalten[44]. Ein weiteres Motiv sind Treppen, deren immer breiter werdende Stufen von melancholischen Gestalten erklommen werden; ferner Pfähle, die aus dem Wasser ragen und auf dessen schwindelerregenden Höhen Menschen balancieren. Solche Bilder, etwa DER TAUMEL (1908), verweisen geradewegs auf Saturn/Uranus: Der Mond als Herrscher von Spilliaerts MC, dem höchsten Punkt im Horoskop, befindet sich in Haus elf, dem

[44] Einsame Meeresküsten sind gleichsam Verbildlichungen der Konstellation Saturn/Neptun, die sich bei Spilliaert durch die Konjunktion beider Planeten ergibt, aber auch durch die Häuserverknüpfung Merkur als Herrscher von Haus zwölf in zehn.

Abbildung 20: Die Pfähle

symbolischen Ort, an dem Freiheit und Absturz eng beieinander liegen.

Spilliaerts Bilder, deren hypnotische Ausstrahlungen an Hitchcock-Filme erinnern, sind eng mit seinen Ängsten und Neurosen verbunden: Quälende Schlaflosigkeit (Mond/Uranus; Mond/Mars; Mond/Pluto) treibt den Künstler des Nachts auf die Straße. Die verlassenen Straßen und Strände von Ostende, die er bei seinen Streifzügen aufsucht, finden sich auch in seinen Gemälden wieder.

Heirat und die Geburt von Spilliaerts Tochter bewirken eine Änderung: Seine Stimmung hellt sich auf, auch aus den Bildern weicht die düstere Note. Auf einen Menschen mit Waage-Aszendent und dominantem achtem Haus, das verbindliche Beziehungen symbolisiert, können solche Ereignisse ungemein stabilisierend wirken.

Neben dem Mond als Herrscher von zehn in elf zeichnet sich Saturn/Uranus bei Spilliaert als gradgenaues Trigon ab. Dieser Aspekt findet Ausdruck in dem Bild DIE PFÄHLE von 1910. Wir sehen darauf eine weibliche Figur, die souverän mit einem Bein auf einem Pfahl balanciert, der aus dem Wasser zeigt. Mit dem anderen Bein stützt sie sich an einem zweiten, größeren Pfahl ab, der neben ihr aufragt. Ihren rechten Arm hat sie selbstbewusst angewinkelt. Dieses Bild kann als Antithese zur Tarot-Karte *Der Turm* betrachtet werden, die den destruktiven Aspekt von Saturn/Uranus illustriert; DIE PFÄHLE hingegen repräsentieren den gekonnten Spagat.

Saturn und Uranus in den Häusern

Saturn in den Häusern

> Das Charakteristikum des Saturnikers ist eine bewusste und unverlierbare Beziehung zu seinem eigenen Ich, das aber nie als selbstverständlich angenommen werden kann. Das Ich ist ein Text – er muss entziffert werden. (Von daher eignet sich der Saturniker zum Intellektuellen.) Das Ich ist ein Entwurf, etwas, das geplant werden will. (...) Und der Aufbau des Ich geht immer zu langsam voran. Man ist sich gegenüber immer im Rückstand.
>
> -Susan Sontag-

Grundsätzlich bedeutet Saturn in einem der zwölf Häuser, dass der Native an diesem Ort hohe Ansprüche an sich stellt und dadurch besondere Hindernisse zu überwinden hat. Saturn prüft, läutert und sortiert aus, was nicht den kritischen Augen des Über-Ichs standhält. Daher ist man hier mit besonderen Versagensängsten konfrontiert.

Gleichzeitig verleiht Saturn die Kraft und die Fähigkeit, es zur Meisterschaft im jeweiligen Bereich zu bringen. Er ist wie ein innerer Lehrmeister, der uns Prüfungen auferlegt, die wir zu meistern haben, damit wir seelisch wachsen und reifen.

Die folgenden Beschreibungen können auch auf die Häuserherrscher bezogen werden. Das heißt, Saturn in Haus eins entspricht einem Spannungsaspekt (Konjunktion, Quadrat, Opposition) zum Herrscher von Haus eins, Saturn in Haus zwei einem Spannungsaspekt von Saturn zum Herrscher von Haus zwei usw. Ebenso wäre ein Saturn-Aspekt zur Spitze von Haus eins mit den Beschreibungen zu Saturn in Haus eins gleichzusetzen usw.

Saturn in Haus eins

Menschen mit Saturn in Haus eins sind geborene Verantwortungsträger (ähnlich wie Steinbock-Aszendenten); ihnen wurden in der Kindheit Pflichten und Verantwortlichkeiten aufgebürdet, an denen sie bisweilen zu zerbrechen drohten. Dadurch entwickelten sie sich zu verlässlichen, sorgfältigen und pflichtbewussten Zeitgenossen, denen kaum eine Arbeit oder eine Aufgabe zu schwer ist.

Diese Konstellation verleiht den Betroffenen oft eine kühle, aristokratisch-britische Ausstrahlung. Solch ein Coolness-Faktor kann auf das andere Geschlecht anziehend wirken; man vermutet dann unter dem saturninen Eis einen brodelnden Vulkan – Enttäuschungen sind allerdings vorprogrammiert.

Die zurückhaltende, reservierte Natur wird psychologisch durch ein stark entwickeltes Über-Ich ausgelöst: Der Native ist gefangen in den Verhaltens- und Gefühlsnormen des Elternhauses, deren Erziehungsmaßnahmen nicht selten an preußischen Tugenden orientiert waren. Durch die rigide Erziehung fühlt sich der Geborene ständig von der Umwelt beobachtet, tut nur das, was »man« tun sollte.

So ist man ständig im Korsett der Normen gefangen; erst in der zweiten Lebenshälfte blüht man auf: Als typischer Spätentwickler kann man nun die Früchte seiner Arbeit ernten.

Beispiele: Maximilien Robespierre, Margaret Thatcher, Jimmy Carter, Francisco Franco, Carl von Clausewitz, Selma Lagerlöf, Christopher Lee, Sean Connery, Agnes Windeck, Eartha Kitt.

Saturn in Haus zwei

Exzessive Verlustängste, insbesondere in materieller Hinsicht, sind hier bestimmend. Ursache kann eine entbehrungsreiche Kindheit sein, in der die Nativen schon früh mit der Realität des Daseins konfrontiert worden. Vielleicht gab es traumatische Verlusterfahrungen, die tiefe Spuren hinterließen.

Die Erlebnisse können so prägend sein, dass im Erwachsenenleben eine fatale Kompensationsspirale ihren Lauf nimmt: Man wird zum sparsamen Knauserer, der nichts gibt und ständig Angst hat, das Erworbene wieder zu verlieren (»Onkel-Dagobert-Konstellation«).

Auch wenn dies eine extreme Erscheinungsform ist, so ergibt sich beim Nativen doch immer ein ernsthaftes und angstbesetztes Verhältnis zum Thema Geld und Besitz.

Die Problematik kann sich auch auf die körperliche Ebene verlagern, zeigt sich dann als Neigung zur Korpulenz. Die dicke Haut entspricht dem Versuch, sich gegen die Räuber von außen zur Wehr zu setzen, man isst sich sozusagen einen »Schutzwall« an.

Ein weiteres prägendes Momentum der Kindheit ist die Außenseiterposition, die hier gern gegeben ist. Durch körperliche oder soziale Gründe wird man in diese Rolle gedrängt, was im Erwachsenenleben dazu führt, dass man entweder eine offene, tolerante Einstellung gegenüber dem Fremden entwickelt oder aber selbst entwertende Gruppenkriterien übernimmt.

Beispiele: Kaiser Wilhelm II., Alexis Tsipras, Henry Ford, Charles Lindbergh, Julius Streicher, Dominique Strauss-Kahn, Sean Penn, Brigitte Bardot, Sophia Loren, Monica Bellucci, Bernd Eichinger.

Saturn in Haus drei

Hier ergibt sich ein problematisches Verhältnis zu den Geschwistern, vielfach mit weitreichenden Konsequenzen für die ganze Familie. Meist ist man der brave Part in der Geschwisterriege (»Bruder des verlorenen Sohnes«), was dazu führt, dass man sich zu pädagogischen Maßregelungen gegenüber den anderen berufen fühlt. In selteneren Fällen ist man das schwarze Schaf, wird von den Eltern z.B. als Sündenbock missbraucht.

Eine weitere Entsprechung ist das »hässliche Entlein«: In der Kindheit fühlt man sich nicht besonders attraktiv, wird vielleicht wegen seines Aussehens gehänselt; im Erwachsenalter erblüht man dann zum »schönen Schwan«.

Im Auftreten liebt man das Konventionelle; männliche Native sind geborene Anzugträger. Auch der Kommunikationsstil ist eher sachlich und um Objektivität bemüht. Häufig sind die Nativen schüchterne Zeitgenossen; in der Kompensation ergibt sich aber auch die Neigung zum nie endenden Redeschwall. Gern werden sichere Berufe ergriffen, z.B. als Beamter, mit einer deutlichen Tendenz zu Jura (Paragrafenreiter-Konstellation).

Behinderungen und Einschränkungen im Bewegungsapparat sind möglich, etwa durch Schlaganfälle, aber auch durch Erkrankungen des Nervensystems.

Beispiele: Hermann Hesse, James Joyce, Georges Simenon, Käthe Kollwitz, Niki de Saint Phalle, Luise Rinser, Helena P. Blavatsky, Nina Hagen, Nastassja Kinski, Honor Blackman, Naomi Campbell.

Saturn in Haus vier

Kennzeichnend ist eine melancholische Grundhaltung, die bisweilen ins Depressive kippen kann. Tragische Erlebnisse in der Kindheit (Todesfälle, Verluste etc.) führen zu Traumata, deren Schatten weit bis ins Erwachsenenalter reichen. Man lernt früh, an sich selbst festzuhalten, sich durchzubeißen und erwartet selten, dass einem das Schicksal etwas schenkt (Ausnahme: zusätzlich Mond/Jupiter).

Die krisenhaften Ereignisse der Kindheit können zur Lebensangst führen, aber auch zu einer materialistischen Einstellung, bei der man sich krampfhaft ans Erreichte und an seine Besitztümer klammert.

Dennoch werden die Nativen zu verantwortungsbewussten, integren Charakteren, die sich im Beruf voll und ganz einsetzen, hier auch ihren Lebensschwerpunkt setzen. Das Privatleben bleibt meist außen vor, häufig ganz auf der Strecke.

Die Gefahr ist groß, dass man mit der Zeit harte Charakterzüge entwickelt, was einem selbst nicht auffällt, da man sich als vernünftig, hilfreich und »normal« empfindet. Gerade die Überidentifikation mit gesellschaftlichen Normen ist eine große Herausforderung für die

Nativen. Sie sollten versuchen, ihren Gefühlspanzer aufzubrechen und ihre weiche, verletzliche Seite zu entdecken und zu zeigen.

Beispiele: Martin Luther, Georg Büchner, Roman Polanski, Arthur Conan Doyle, Loriot, René Goscinny, Marilyn Monroe, Madonna, Ted Turner, Gene Roddenberry, Louise Brooks, Henry Mancini.

Saturn in Haus fünf

Die Nativen haben eine ernste Einstellung zu den Themen des fünften Hauses (Kinder, Sexualität, Kreativität etc.). Meist sind sie ehrgeizig und wollen Karriere machen, leiden aber immer wieder unter Minderwertigkeitskomplexen, die sie hemmen und sogar in Depressionen stürzen können. Andererseits können diese Gefühle sie anstacheln, mehr aus ihrem Leben herauszuholen.

Die Geborenen fühlen sich oft ausgeschlossen und zu wenig beachtet. Tatsächlich werden sie von ihrer Umwelt gern unterschätzt, was die Nativen jedoch meist zu ihrem Vorteil nutzen können.

In Sachen Kreativität und künstlerischer Ausdruck sind sie zögerlich und haben starke Selbstzweifel. Mit harter Arbeit können jedoch überzeugende Ergebnisse zustande kommen. Eine reservierte Ausstrahlung ist ein weiteres Merkmal; meist halten die Nativen sich nicht für besonders attraktiv.

In der Kompensation kann es zu strengen und patriarchalen Auswüchsen kommen: Die Geborenen sind Verfechter rigider Erziehungsmethoden und führen in ihrer Familie ein straffes Regiment.

Beispiele: Robert Koch, William Randolph Hearst, Jerry Lewis, Oswald Spengler, Andy Warhol, Alberto Giacometti, Wilhelm Busch, Karl Ernst Krafft, Daniel Küblböck, Shakira.

Saturn in Haus sechs

Hier kommt es bisweilen zu chronischen Krankheiten. Psychologische Ursache ist die Überanpassung an Umweltnormen.

Prägend sind die Erfahrungen der Kindheit: Die Eltern waren nüchterne Zeitgenossen, die ihre Gefühle nur spärlich zeigten. Das Kind orientiert sich daran, gibt sich brav und pflegeleicht, um nicht den Unmut der Eltern hervorzurufen oder ihnen zur Last zu fallen.

In einer drastischeren Entsprechung kann dies Anzeichen für einen »Kontrollfreak« sein: Die Nativen sind ständig darum bemüht, die Umwelt daraufhin abzuchecken, ob noch alles in Ordnung ist und vor allem darauf, ob sie selbst – im Erscheinen und Auftreten – in die Umgebung passen. Das Bild der Sauberfrau und des Saubermanns kann sich ergeben. Wer aber stets als »Max Mustermann« durch die Welt spaziert, verliert auf Dauer erheblich an Kanten und an Individualität.

Die Nativen sind meist disziplinierte Arbeiter, vielfach auch Workaholics; häufig mit einem ausgeprägten Talent zum Schreiben. Generell dort, wo Ordnung geschaffen werden muss, sind die Geborenen am richtigen Platz. Verwaltungs- und Bürotätigkeiten sind das ideale Arbeitsumfeld für Menschen mit Saturn in Haus sechs.

Beispiele: Umberto Eco, Christian Wulff, Odilon Redon, Günter Wallraff, Coco Chanel, Norman Vincent Peale, Markus Wolf, Roland Freisler, Nicole Kidman, Juliane Werding.

Saturn in Haus sieben

Ähnlich wie bei Saturn in Haus eins kommt es auch hier zu einer aristokratischen, unnahbaren Ausstrahlung. Das distinguierte, leicht verkrampft wirkende Auftreten erschwert die Kontaktaufnahme nicht unerheblich.

Ursache für die Hemmungen im Begegnungsbereich können Abschottungen in der Kindheit gewesen sein: Der Native hatte kaum Kontakt zu Menschen außerhalb des Elternhauses.

Schüchternheit und hölzerne Umgangsformen prägen den Geborenen bis ins Erwachsenenalter hinein.

Zum anderen kann es früh negative Erlebnisse mit der Umwelt gegeben haben: Vielleicht kam es zu abwertenden Äußerungen bezüglich des eigenen Körpers, die den Nativen verletzt und verunsichert haben. Daraus entwickelt sich ein destruktives Selbstbild, das man immer wieder in der Außenwelt zu bestätigen sucht. Eine zynische und pessimistische Weltsicht ist die Folge; der Umwelt begegnet man grundsätzlich mit Misstrauen und äußerster Vorsicht.

In Partnerschaften sucht man unbewusst den maßregelnden, saturninen Widerpart. Das kann sich in bedeutend älteren Lebenspartnern ausdrücken, aber auch in Menschen, die einen höheren Grad an seelischer Reife besitzen.

Die Nativen sind meist langsame, dafür aber sehr systematische und tiefgründige Denker.

Beispiele: Claude Lévi-Strauss, Émile Coué, Emmanuel Macron, Marine Le Pen, Alfred Hugenberg, Woody Allen, Isabelle Adjani, Danny De Vito, David Bowie, Liam Gallagher.

Saturn in Haus acht

Das achte Haus repräsentiert die Vorstellungen, die wir von der Welt haben. Mit Saturn in acht erscheint das Leben als schwere Bürde, die es zu überwinden gilt. Daraus kann eine pessimistisch-depressive Grundhaltung erwachsen. Andererseits sind die Nativen hartnäckige und belastbare Beißer-Naturen, die so leicht nichts umwirft.

Meist wirken die Geborenen verschlossen und misstrauisch; es braucht lange, sie aus der Reserve zu locken. Haben sie jedoch Vertrauen gefasst, so sind sie zu großer Treue und Verlässlichkeit fähig.

Wandlungen und Transformationsprozesse sind Dinge, vor denen Menschen mit dieser Saturnstellung einen gehörigen Respekt, gelegentlich sogar Angst haben. Sie klammern sich ans Gewohnte, sind Veränderungen gegenüber nicht sehr aufgeschlossen, lieben stattdessen ihre alltäglichen Routinen und Rituale.

Sexualität ist ein problematisches Themenfeld für die Geborenen. Schuldgefühle oder der Versuch, vermeintliche Normen krampfhaft erfüllen zu müssen, stellen ein Hemmnis dar. Daraus kann sowohl eine Vermeidungshaltung resultieren, als auch – in der Kompensation – das zwanghafte Bedürfnis, besondere »Höchstleistungen« auf diesem Feld zu vollbringen.

Beispiele: Marie Antoinette, Frida Kahlo, Elisabeth Kübler-Ross, Edith Piaf, Jeanne Moreau, Charles Baudelaire, Ray Bradbury, Neil Gaiman, John Belushi, Klaus Barbie, Linda Lovelace.

Saturn in Haus neun

Hier ergibt sich eine ambivalente Haltung zum Thema Erziehung und Bildung. Das klassische Beispiel ist derjenige, der in seiner Schulzeit unter ungerechten und sadistischen Lehrern leiden musste und dann, im Erwachsenenalter, selbst diesen Beruf ergreift, um es besser zu machen. Ob dies gelingt, steht auf einem anderen Blatt.

Die Neigung zum Pädagogischen ist bei dieser Konstellation gern gegeben, sei es als Erzieher, Sozialarbeiter, Lehrer oder Universitätsprofessor. Im besten Fall nimmt man die Themen des neunten Hauses (Bildung, Wissenserweiterung etc.) ernst und schafft sich so eine solide Basis. Manch einer übertreibt es gar und wird zu einer Art wandelndem Lexikon.

Menschen mit Saturn in Haus neun sind eher schweigsame, zurückhaltende Naturen, die mehr durch Kompetenz und Leistung überzeugen wollen, als durch ihre Persönlichkeit. Gerade durch diese integre Haltung erlangen sie im Lauf der Zeit eine Autorität, die ihresgleichen sucht. Von ihrer Umwelt werden die Geborenen als objektive und unbestechliche Schiedsrichter wahrgenommen.

Philosophie, Ethik, aber auch Politik interessieren die Nativen brennend. Häufig ergibt sich daraus ein (berufliches) Engagement, wobei eine gewisse konservative Note nicht zu übersehen ist.

Beispiele: Marie Curie, Richard Wagner, Lewis Carroll, Liz Greene, Richard Nixon, Papst Benedikt XVI., Hans Christian Andersen, Gustave Doré, Tomi Ungerer, Tove Jansson, Uma Thurman.

Saturn in Haus zehn

Saturn steht in seinem eigenen Haus besonders stark. Grundsätzlich kann diese Position exoterisch (nach außen) oder esoterisch (nach innen) gelebt werden.

Im ersten Fall können sich erstaunliche Karrieren ergeben, berufliche und politische Höhenflüge, die abseits jeglicher Normalität liegen. Aufstiege aus größter Armut, sogar bis an die Spitze eines Staates, sind möglich.

Rasender Ehrgeiz und die Konzentration auf ein Ziel sind Voraussetzungen für solche Karrieren. Doch die Astrologie weiß auch um den »Sturz aus der Höhe«, der bei Saturn in zehn immer droht: Jede Grenzüberschreitung, jede Regelverletzung wiegt bei dieser Position besonders schwer und droht den Nativen zu Fall zu bringen. So sind hier nicht nur grandiose Höhenflüge, sondern auch tiefe Abstürze zu beobachten.

Sind die Energien mehr nach innen gerichtet, so kann sich ein immenses Interesse an den Grundstrukturen der Welt entwickeln. Die Nativen haben eine ausgeprägte philosophische Ader, und auch die Erforschung der Zeitqualität (Astrologie) mag ihnen am Herzen liegen.

Meist wachsen die Nativen unter einschränkenden sozialen Bedingungen auf, was der Motor für ihren Ehrgeiz ist: Sie wollen es nach oben schaffen, das »Elend ihrer Herkunft« überwinden. Unter diesen Umständen kann sich früh ein streberhafter Ehrgeiz entwickeln, meist gekoppelt mit einem Gespür dafür, wie die Gesellschaft »tickt«. Häufig ist daher ein Interesse an Politik, Geschichte oder Soziologie vorhanden.

Berufliche Kämpfe und Krisen sind bei dieser Konstellation eher die Regel als die Ausnahme.

Beispiele: John F. Kennedy, Helmut Kohl, Arthur Schopenhauer, Hannah Arendt, Leonardo da Vinci, Max Weber, Ingeborg Bachmann, Patricia Highsmith, Françoise Hardy, Kathryn Bigelow, Muhammad Ali.

Saturn in Haus elf

Die Hemmung, seine gesellschaftliche Freiheit wahrzunehmen, ist hier maßgebend. Aufgrund einer rigiden Erziehung, aber auch wegen materieller Einschränkungen wagen es die Nativen nicht, aus gesellschaftlichen Konventionen auszubrechen. Man hält sich lieber bedeckt, gibt die graue Maus, schielt jedoch insgeheim in Richtung derer, die es wagen, aus der Reihe zu tanzen.

Manchmal steigt der Druck im Kessel so mächtig an, begehrt die zurückgehaltene Individualität so stark auf, dass es zu regelrechten Befreiungsschlägen kommt: Vielleicht hat jemand jahrzehntelang seine sexuelle Orientierung unterdrückt und seine wahren Neigungen stets vor der Umwelt verborgen, wagt aber nun – im fortgeschrittenen Alter – sein Coming-Out. Oder jemand wächst in einem repressiven religiösen Umfeld auf und wandelt sich plötzlich zu einem atheistischen Freidenker …

In anderen Fällen sind die Nativen geschickte Manager ihres sozialen Umfeldes: Sie verstehen es blendend, Seilschaften zu knüpfen, zu pflegen und so die Jobleiter emporzuklettern. Dadurch sind erstaunliche Karrieresprünge möglich, was durchaus Neider hervorruft. Was diese jedoch übersehen, ist, wie lange, zäh und beharrlich die Nativen an ihren Netzwerken zuvor gearbeitet haben.

Beispiele: Bruno Kreisky, Greta Garbo, Marlon Brando, Cindy Sherman, Carl Spitzweg, Hape Kerkeling, Sharon Tate, Thomas Gottschalk, Roberto Blanco, Richard Ohnsorg, Demi Moore, Heather Locklear, Pamela Anderson.

Saturn in Haus zwölf repräsentiert eine graue Eminenz, die im Hintergrund die Fäden zieht. Familiensystemisch können dies Ahnen sein, die immer noch große Macht ausüben; eventuell, weil sie in der Vergangenheit nicht gebührend geehrt worden sind oder weil ihr Erbe mit Füßen getreten wurde.

Ihre Verbundenheit mit dem Familienerbe macht die Nativen zu Schlüsselfiguren ihrer Sippe. Diese Verantwortung wird meist nur unbewusst wahrgenommen: Vielmehr besteht die Neigung, sich dem Strom des Lebens hinzugeben; die Nativen führen ein disziplinloses, unverplantes Leben abseits jeglicher Norm. Durch das ziellose »auf Sicht fahren« kann es zur gesellschaftlichen Abseitsstellung kommen. Andererseits haben die Geborenen einen besonders klaren Blick für die Hintergründe des Lebens.

Diese Hausposition ruft nicht selten Einzelgänger hervor, die – zumindest zeitweise – immer wieder Rückzugsorte brauchen, um zur Ruhe zu kommen, sich zu sammeln und die Batterien neu aufzuladen. Wird die Neigung zur Innenschau konstruktiv genutzt, können die Nativen erstaunlich präzise, gesellschaftliche Zusammenhänge erfassen und die Gemeinschaft damit bereichern. Sie gleichen dann einem Mönch, der sich regelmäßig in seine Berghütte zurückzieht, um dort zu meditieren – und irgendwann wieder ins Tal zurückkehrt und den Menschen von seinen Einsichten erzählt.

Beispiele: Konrad Adenauer, Theodor Heuss, George Washington, Camille Claudel, Franz Marc, Joachim Ringelnatz, Hanns Martin Schleyer, Larry Flynt, Olivia Newton-John.

Saturn-Transite durch die Häuser

Grundsätzlich bedeutet dieser Transit, dass der jeweilige Hausbereich eine saturnische Färbung annimmt: Es ist so, als wenn ein strenger Prüfer kommt, der uns einer Inspektion unterzieht. Die Rollläden werden zugezogen, die Wände neu gestrichen und gründlich kontrolliert, ob in der Vergangenheit alle Regeln befolgt worden sind und das Haus entsprechend sturmfest ist, sodass es auch in Zukunft bestehen kann.

In dieser Zeit geht wenig voran, man wird auf sich selbst zurückgeworfen. Maßregelungen und Einschränkungen gehören zum Normalzustand. Im besten Fall wird man selbst zum nörgelnden Kontrolleur, der alles daransetzt, den Lebensbereich zu renovieren und so stabil und zukunftssicher wie möglich zu gestalten. Dabei geht die Arbeit nicht mit einem fröhlichen Pfeifen voran, sondern mit größter Gewissenhaftigkeit und mit dem ständigen Gefühl, dass man es noch besser machen könnte.

Die folgenden Beschreibungen können auch auf die Häuserherrscher bezogen werden. Das heißt, ein Saturn-Transit durch Haus eins entspricht einem Spannungsaspekt (Konjunktion, Quadrat, Opposition) des laufenden Saturn zum Herrscher von Haus eins usw. Ebenso ist ein Saturn-Transit-Aspekt zur Spitze von Haus eins mit den Beschreibungen zu Saturn in Haus eins gleichzusetzen usw.

Saturn-Transit durch Haus eins

Der Ernst des Lebens beginnt. Auch wenn dieser Transit nicht mit der Einschulung zusammenfällt, so ist dies stets eine Phase, in der man das Gefühl hat, man sei aus dem Paradies vertrieben worden. Ein neuer Lebensabschnitt fängt an, und dieser ist mit Einschränkungen, Pflichten und Entbehrungen verbunden. Diese werden umso stärker empfunden, da der vorherige Transit durch Haus zwölf meist eine Auszeit von den alltäglichen Belastungen dargestellt hat.

Man ist nun genötigt, ein Maß an Disziplin und Durchhaltewillen aufzubringen, wie man es vielleicht noch nie zuvor in seinem Leben getan hat. Die Geburt eigener Kinder kann dafür Anlass sein, ebenso wie das Antreten einer neuen beruflichen Position, die einem viel abverlangt.

Eine neue Ernsthaftigkeit durchweht die Persönlichkeit; man trägt mehr Verantwortung als je zuvor und muss sich bisweilen auch Kritik von außen stellen, die man so noch nicht kannte. Es mag sogar sein, dass man in dieser Zeit ständig aneckt und die Umwelt zu unsachlichen Angriffen provoziert. Unbewusst verkörpert man einen saturnischen Spielverderber, der den anderen vor Augen führt, wie undiszipliniert und unreif sie noch sind. Dies wird natürlich nicht gern gesehen, dementsprechend heftig können die Reaktionen ausfallen.

Dieser Transit kann zur Entfremdung mit der Umwelt führen und die Geborenen in entsprechende Krisen stürzen; andererseits stellt Saturn genug Energie und Durchhaltevermögen zur Verfügung, um in diesem Existenz- und Lebenskampf zu bestehen.

Transite durch die Kardinalhäuser (eins, vier, sieben, zehn) sind immens wichtig: Insbesondere bei Haus eins wird der Grundstein für einen neuen Lebenszyklus gelegt; es kann ein entscheidender Schritt in Sachen Reife und Erwachsenwerden getan werden.

Saturn-Transit durch Haus zwei

In dieser Phase ist mit materiellen Einschränkungen zu rechnen. Wir werden dazu aufgefordert, uns mit der Motivation, die uns zum Gelderwerb antreibt, auseinanderzusetzen. Fragestellungen wie »Was brauche ich wirklich, um glücklich zu sein?« geraten ins Zentrum. Ein Überdenken bisheriger Wertvorstellungen mag daraus resultieren.

In einem tieferen Sinn fordert uns Saturn auf, uns auf das zu konzentrieren, was wirklich wesentlich ist. Wir lernen daraus, dass materielle Dinge weniger von Belang sind, als wir bisher glaubten.

Ein weiteres Phänomen sind Störungen des Sicherheitsgefühls. Dies kann durchaus mit einer prekären Finanzlage zusammenhängen, ist aber auch unabhängig davon möglich: Vielleicht funktioniert unser Körper nicht mehr in der gewohnten Art und Weise und es entpuppen sich Zipperlein als chronische Krankheiten? Oder in unserer Wohnsituation gibt es Ärger mit einem lärmenden Nachbarn, der unser Wohlgefühl beeinträchtigt? Auch hier fordert uns Saturn auf, tiefer zu forschen, uns mit unserem Abgrenzungsbedürfnis zu beschäftigen und es eventuell neu zu justieren.

Saturn-Transit durch Haus drei

Einschränkungen und Verluste bezüglich der Geschwister können Merkmale dieser Zeit sein. Vielleicht zieht ein älteres Geschwisterkind aus, um eine eigene Wohnung zu beziehen, und lässt den jüngeren Nativen ohne Bezugsperson zurück? Oder es kommt zu Konflikten und Streitigkeiten mit Brüdern und Schwestern oder mit Tanten und Onkeln und mit den Nachbarn?

Wenn Saturn im Spiel ist, sollte man solche Ereignisse nicht auf die leichte Schulter nehmen. Traumata oder ernsthafte gerichtliche Auseinandersetzungen können daraus erwachsen. In irgendeiner Form fühlt man sich jetzt von der Umwelt missverstanden oder gar isoliert. Auch mobbingartige Vorfälle können passieren.

Grundsätzlich fordert uns Saturn in diesem Haus auf, die »leichten Dinge« des Lebens ernst zu nehmen. Dazu gehört auch die Kommunikation, die in dieser Zeitphase beeinträchtigt sein kann. Andererseits eröffnen sich nun gute Möglichkeiten, zum ausdauernden und tiefen Studium, auch von schwierigster Lektüre.

Manchmal ernten wir bei Saturntransiten die Früchte unserer früheren Anstrengungen und Bemühungen. In Haus drei wäre es zum Beispiel möglich, dass wir jahrelang an einem Manuskript gearbeitet haben und es ebenso lang erfolglos bei Verlagen feilboten und wir nun, als Saturn diesen Bereich betritt, doch noch einen Verleger finden.

Saturn-Transit durch Haus vier

In dieser Phase wird man auf sich selbst zurückgeworfen. Psychische Probleme treten massiv auf, was zur ernsthaften Auseinandersetzung mit dem eigenen Inneren führt. Manchmal erwacht dadurch ein Interesse an Psychologie, das sogar beruflich genutzt werden kann.

Die Hinwendung zur eigenen Seele mag dazu führen, dass therapeutische Hilfe gesucht wird. Aber auch das Interesse an frühere Leben (Reinkarnation) oder an Ahnenforschung erwacht in dieser Zeit.

Ähnlich wie beim Saturn-Transit durch Haus acht werden verdrängte und verborgene Wesensanteile nach oben gespült. Insbesondere die Rolle der Mutter wird infrage gestellt: Bislang verleugnete Emotionen wie Zorn, Groll oder Ablehnung können ins Bewusstsein drängen und dadurch bearbeitet werden.

Unzufriedenheiten mit der momentanen Wohnsituation führen in dieser Phase häufig zu Umzügen. Vielleicht ist es plötzlich zu eng in der Wohnung oder Baulärm vor der Haustür führt zu anhaltendem Stress. Es kann aber auch die Konsequenz aus der Phase von Saturn in Haus drei (Streit mit den Nachbarn) sein.

Saturn stellt in diesem Kardinalhaus die seelischen Weichen für die nächsten knapp 30 Jahre, insofern ist dieser Transit von nicht zu unterschätzender Bedeutung.

Saturn-Transit durch Haus fünf

Grundsätzlich kann es hier zu Persönlichkeitskrisen kommen, bei denen unser Einfluss auf die Umwelt infrage gestellt wird. Unsere Strahlkraft wird immens verringert, etwa durch belastende Ereignisse, die uns die Lebensfreude und Leichtigkeit rauben.

Bei männlichen Nativen kann es zu einer harschen Kritik und Infragestellung des Selbstwerts kommen. Eine solche Krise führt bisweilen zur Erforschung der Persönlichkeit und stellt diese auf eine neue, stabilere Grundlage. Auslöser können sexuelle

Schwierigkeiten sein, aber auch Autoritätsprobleme, etwa am Arbeitsplatz oder gegenüber den eigenen Kindern. Wir werden in dieser Phase mit den Grenzen unserer Macht und Einflussnahme konfrontiert.

Grundsätzlich fordert dieser Transit auf, sich mit dem eigenen Gefühlshaushalt auseinanderzusetzen: Passt mein Verhalten und die Art, wie ich Emotionen ausdrücke, noch zu meiner Persönlichkeit? Wer bin ich im Kern meines Ichs? Meist findet in dieser Phase ein Reifungsprozess statt.

Häufig geschieht auch eine Auseinandersetzung mit dem konkreten Vater oder mit dem inneren Vaterbild: Konflikte und Ambivalenzen, bislang unter dem Teppich gekehrt, treten offen zutage.

Im positiven Sinn kann nun eine reifere Persönlichkeit erwachsen, die weniger abhängig vom Applaus der anderen ist. Saturn im fünften Haus fordert uns auf, einen authentischen, humanen »Weg mit Herz« zu gehen.

Saturn-Transit durch Haus sechs

Das sechste Haus ist, vielfach übersehen, auch Bestandteil des zweiten Quadranten, d.h. ein Bereich unserer Seele. Anders als bei Saturn in Haus vier und fünf kommt dieser Transit jedoch subtil daher: Auch hier geht es um die Auseinandersetzung mit unserem Inneren, aber auf eine analytische, an den Begebenheiten der Umwelt orientierte Art und Weise.

Störungen und Widerstände in unserer alltäglichen Routine können auftauchen, irgendein Teufel im Detail, den man bislang übersehen hat, der einem jedoch das Leben schwer macht. Manchmal wird man gezwungen innezuhalten und die Sache sorgfältig zu analysieren, bevor man voranschreitet. So ist man aufgefordert, seinen Arbeitsstil zu hinterfragen, zu verbessern und sich zu professionalisieren.

In dieser Phase kann es zu Stresssituationen und zu Konflikten am Arbeitsplatz kommen. In extremen Fällen ist die Kündigung die

Folge. Häufiger ist jedoch, dass dies eine Phase enormer Arbeitsbelastung ist. Manche arbeiten jetzt so viel wie noch nie zuvor in ihrem Leben.

Der Saturn-Lauf durch Haus sechs kann auch die ideale Arbeits- und Erntezeit sein: Man ist belastbarer und gewissenhafter als je zuvor und setzt daher – quasi als Belohnung – Ziele und Wünsche um, die man früher, aus Mangel an Disziplin, niemals verwirklicht hätte.

Saturn-Transit durch Haus sieben

In dieser Phase kommt es zu einer unsanften Begegnung mit der (harten) Realität. Manche Träume und Wunschvorstellungen, die wir beim Lauf des Saturns durch die vorherigen Häuser hatten, zerplatzen nun wie Seifenblasen. Das siebte Haus ist unser Fenster zur Welt, und wenn sich Saturn darin befindet, sind ernüchternde und desillusionierende Erlebnisse vorprogrammiert.

In den Häusern eins bis sieben hat Saturn an unserem Persönlichkeitsprofil gemeißelt; jetzt wird es in der Außenwelt auf eine harte Probe gestellt. Das Ende von Beziehungen oder Liebeskummer können Folgen davon sein, schließlich ist Haus sieben auch für unsere Partnerschaften (mit-)verantwortlich. Es können aber auch Trennungen anderer Art stattfinden: Eventuell ziehen die eigenen Kinder aus und lassen die Eltern mit entsprechenden Einsamkeitsgefühlen zurück. Generell weht uns nun ein schroffer Wind von außen entgegen; dies kann auch durch Geschäftspartner oder andere Vertreter der Umwelt geschehen.

Ziel dahinter ist: Saturn prüft, ob wir seine Lektionen, mit denen er uns konfrontierte, gemeistert und in unsere Persönlichkeit integriert haben. Ist dies nicht der Fall, so kommt er uns vermehrt von außen entgegen.

Saturn-Transit durch Haus acht

Das achte Haus, Schattenbereich des Horoskops, ist der Ort unserer Verdrängungen. Durchläuft Saturn diese Zone, so kann es – vielleicht erstmals im Leben – zur intensiven und ernsthaften Auseinandersetzung mit diesen Themen kommen. Vielleicht ist es die Konfrontation mit dem Tod, die jetzt stattfindet und uns an unsere Vergänglichkeit gemahnt.

Verborgenes und Verbotenes wird nun ans Licht des Bewusstseins gespült. Es kann sein, dass bereits überwunden geglaubte Themen und Ängste aufkommen: Unangenehme Dinge, die wir bereits als erledigt glaubten; Themen, die wir in Wirklichkeit aber nur verdrängten und die jetzt mit aller Macht wieder an die Oberfläche drängen. So manche »Leiche im Keller« taucht erneut auf. Diese innerpsychischen Prozesse verbleiben nicht ohne Spuren, sodass dies eine Phase tief greifender Wandlungen sein kann.

Manchmal entstehen in dieser Zeit Verhärtungen des Charakters, die vom Nativen erst viel später wahrgenommen werden. Außerdem kommt es vermehrt zu Konflikten mit Behörden oder anderen staatlichen Institutionen; diese Auseinandersetzungen können durchaus kafkaeske Züge annehmen.

Saturn-Transit durch Haus neun

Im positiven Fall ergibt sich in dieser Phase die Chance, das zu lernen, was einem wirklich wichtig ist. Mit intrinsischem Interesse stürzt man sich auf die Themen, die einem am Herzen liegen. Horizonterweiterungen enormen Ausmaßes können die Folge sein.

Aber auch die Möglichkeit, Dinge gründlich und gewissenhaft zu verinnerlichen, ist jetzt gegeben; man kann sich an schwierigste Materie heranwagen und bekommt die Chance, selbst zum Sprachrohr allgemeingültiger und anspruchsvoller Themen zu werden, indem man z.B. ein Fachbuch schreibt oder veröffentlicht.

Es kann jedoch auch sein, dass wir in dieser Zeit mit unangenehmen Lehrern oder Vorgesetzten konfrontiert werden, die uns auf unsere Schwachstellen hinweisen und damit alte Wunden wieder aufrühren.

Manchmal kommt man unter Saturn in Haus neun ungewollt in die Verlegenheit, anderen etwas vermitteln zu müssen, etwa in der Elternrolle. Wenn Saturn mit im Spiel ist, handelt es sich jedoch nie um eine leichte Aufgabe. Vielmehr werden wir an unsere Grenzen geführt und merken erstmals, welche Schwierigkeiten mit der Erziehung verbunden sind.

Saturn-Transit durch Haus zehn

Der Beruf und die Frage nach unserer gesellschaftlichen Stellung geraten jetzt in den Fokus. Zuweilen artet dies in eine regelrechte Lebenskrise aus. Oft hat man das Gefühl, nicht am richtigen Platz zu sein oder sogar den Eindruck, sein Leben bislang vertan zu haben.

Findet dieser Transit im entsprechenden Alter statt, so kann es zu Krisen in der Schule oder in der Ausbildung kommen: Manche wechseln die Lehranstalt oder brechen ihr Studium ab.

Andererseits kann einem in dieser Phase enorme Verantwortung übertragen werden: Eine Beförderung oder die Wahl in ein politisches Amt sind möglich, immer verbunden mit den entsprechenden Pflichten und Belastungen.

Auch bei diesem Transit wird man auf sich selbst zurückgeworfen. Anders aber als bei Saturn in Haus vier, wo die Krise im privaten Rahmen stattfindet, ist diese nun mehr als offensichtlich: Im Extremfall kommt es zu psychosomatischen Erkrankungen oder zu Depressionen, die in die Berufsunfähigkeit münden.

Selbst in harmloseren Fällen ist mit massiven Widerständen und Schwierigkeiten im Beruf zu rechnen. Dieser Transit kann sowohl Tief- als auch Wendepunkt im Leben eines Menschen sein.

Saturn-Transit durch Haus elf

Beim Saturn-Transit durchs elfte Haus treffen Saturn und Uranus aufeinander. Daher kann es zu außergewöhnlichen Ereignissen kommen, zu Brüchen und Trennungen, die das Leben nachhaltig verändern.

Das gesellschaftliche Umfeld wandelt sich abrupt, meist auf negative Art und Weise. Neue Kollegen können das Arbeitsklima z.B. so vergiften, dass man über die Kündigung nachdenkt. Mobbingartige Geschehnisse – ähnlich wie beim Saturn-Transit durch Haus drei – sind möglich.

Mit Saturn in Haus elf ist vermehrt Teamplaying angesagt; eine Disziplin, die allerdings auch Regeln erfordert. Saturn versucht einem dies beizubringen. Entweder, indem man derjenige ist, der »aus der Reihe tanzt« und dann die saturnische Keule zu spüren bekommt. Oder man wird mit teamunfähigen Kollegen konfrontiert und dabei in die Saturn-Rolle katapultiert. Im schlimmsten Fall erfährt man keinerlei Rückhalt bei den Vorgesetzten, sodass man am Sinn der Arbeit zweifelt und das Weite sucht.

Berufliche Wenden finden unter diesem Transit häufig statt. Es gibt aber auch Fälle, in denen das elfte Haus sirenenartig den Ruf der Freiheit aussendet, der Native jedoch unbeirrt und allen Widerständen zum Trotz den eingeschlagenen Weg fortsetzt.

Dabei sind in dieser Phase die Verlockung und die Gefahr groß, alles hinzuschmeißen und noch mal neu anzufangen. Dinge, die man sich zuvor mühsam aufgebaut hat, scheinen auf einmal wertlos und sinnentleert.

Saturn-Transit durch Haus zwölf

Wer gerade Saturn im zwölften Haus hat, bekommt das Gefühl vermittelt, er stünde im Abseits. Irgendwie geht es nicht weiter; manchmal fehlen berufliche Perspektiven oder man fällt geradewegs durchs soziale Netz.

Es können auch freiwillige oder unfreiwillige Auszeiten sein, z.B.

Schwangerschaften, Sabbatjahre oder längere Krankheiten. Durchaus möglich ist zudem, dass die Konsequenzen aus der Saturn-in-elf-Phase folgen: Wegen Problemen am Arbeitsplatz rutscht man in die Arbeitslosigkeit.

Die Außenseiterposition, die man einnimmt, kann dazu führen, dass man gesellschaftliche und kollektive Vorgänge deutlicher wahrnimmt als je zuvor. Zerfalls- und Auflösungsprozesse, gesellschaftliche Wandlungen und Dinge, die man bisher nicht registrierte, da man zu sehr mit Arbeit beschäftigt war, treten nun ins Bewusstsein.

Außerdem erfolgt jetzt eine ernsthafte Auseinandersetzung mit der eigenen Persönlichkeit, vor allem mit dem Unbewussten, das in dieser Zeit vermehrt Signale aussendet, etwa durch Träume. So bietet sich die Chance, die außergewöhnliche Freiheit dafür zu nutzen, einen Bewusstseinsschritt zu tun. Manch einer widmet sich unter diesem Transit vermehrt dem Metaphysischen und dem Religiösen.

Uranus in den Häusern

Nur tote Fische schwimmen mit dem Strom.

-Sprichwort-

Uranus' Hausstellung repräsentiert den Ort, an dem wir die größte Freiheit, jedoch auch die größte Fremdheit von der Norm empfinden. Hier spielt sich der Sündenfall noch mal im Kleinen ab: Wir sind anders als die anderen und fühlen uns ausgestoßen, fern jeder Mitte.

Gleichzeitig verfügen wir über besondere Fähigkeiten und Talente, die uns unsere Individualität immer wieder vor Augen führen. Ob wir uns damit in einen elitären Elfenbeinturm zurückziehen oder sie dafür einsetzen, der Menschheit zu dienen, ist unserer Entscheidung überlassen.

Die folgenden Beschreibungen können auch auf die Häuserherrscher bezogen werden. Das heißt, Uranus in Haus eins entspricht einem Spannungsaspekt (Konjunktion, Quadrat, Opposition) von Uranus zum Herrscher von Haus eins, Uranus in Haus zwei entspricht einem Spannungsaspekt von Uranus zum Herrscher von Haus zwei usw. Ebenso wäre ein Uranus-Aspekt zur Spitze von Haus eins mit den Beschreibungen zu Uranus in Haus eins gleichzusetzen usw.

Uranus in Haus eins

Diese Hausposition bringt individualistische und eigenwillige Persönlichkeiten hervor. Man ist irgendwie aus der Art geschlagen, passt nicht so recht ins Familienschema (Ausnahme: gleichzeitige Plutobetonungen). Diese Fremdheit kann dazu führen, dass man später in gesellschaftlichen Nischen und Subkulturen seine Heimat sucht. Da man jedoch ein geborener Einzelgänger ist, eckt man auch hier vielfach an.

So fällt es den Nativen schwer, Freundschaften zu schließen und vor allem zu pflegen. Jähe Kontaktabbrüche sind nicht selten, und manch einer fühlt sich ganz wohl in der Rolle des snobistischen Sonderlings oder in der des unverstandenen Genies.

In der Kindheit waren diese Menschen »menschliche Blitzableiter«: Sie mussten die Spannungen zwischen ihren Eltern ausgleichen, waren Diplomaten in eigener Sache, um den Zusammenhalt der Familie zu kitten. Nicht selten drohte die Ehe der Eltern zu scheitern, dann waren die Nativen gefragt: Mit viel Einfühlungsvermögen und psychologischem Verhandlungsgeschick versuchten sie die Widersprüche auszugleichen und die Streithähne zu versöhnen. Manchmal gelang dies, manchmal nicht.

Dieser Drahtseilakt hat bei Menschen mit Uranus in Haus eins zu einer ausgeprägten Beobachtungsgabe und zu psychologischem Scharfsinn geführt, andererseits aber auch für ein empfindliches Nervenkostüm gesorgt: Bereits ein lautes Wort oder nur der Anflug von Disharmonie kann bei sensibleren Gemütern schon zu Frustrationen und seelischen Verstimmungen führen.

Beispiele: Alexander Graham Bell, Ernesto Che Guevara, Edgar Degas, Bill Gates, Erich Kästner, Douglas Adams, Philip K. Dick, James Dean, André Barbault, Claudia Cardinale, Nick Nolte.

Uranus in Haus zwei

Diese Konstellation ist günstig für Freiberufler, Spielernaturen, Spekulanten und Künstler. Denn Uranus sorgt in Sachen Finanzen für ein erhebliches Maß an Abwechslung. Falls das übrige Horoskop gegenläufige Tendenzen aufweist, etwa eine starke Erdzeichenbetonung, kann es zu Problemen kommen: Das ständige Auf und Ab wird dann als Bedrohung empfunden, und kompensatorisch sucht man sein Heil, indem man einen besonders sicheren Beruf ergreift.

Doch Uranus lässt sich nicht überlisten: Er liebt das Neue und das Spannende, nicht den alltäglichen Trott – und sorgt so dafür, dass man aus den geordneten Bahnen irgendwann ausbricht. Und manch einer, der zunächst die sichere Beamtenlaufbahn eingeschlagen hat, schmeißt mit einem Mal alles hin, um Philosophie oder Freie Kunst zu studieren.

So kann der Lebensweg einige Kurven und überraschende Wendungen enthalten, und nicht wenige huldigen dieser Konstellation, indem sie mehrere Berufe nebeneinander ausüben.

Ein weiteres Merkmal ist die Außenseiterposition, die man in der Sippe einnimmt. Man ist – ähnlich wie bei Uranus in Haus eins – irgendwie aus der Art geschlagen. Dies kann dazu führen, dass man ständig mit Gruppen und Gemeinschaften »fremdelt«, sich darin also schnell ausgegrenzt fühlt.

Beispiele: Pablo Picasso, Henri Cartier-Bresson, Joseph Beuys, Clara Zetkin, Johnny Depp, L. Ron Hubbard, Ringo Starr, Ernst Busch, Tiger Woods, Justin Bieber, Udo Lindenberg.

Uranus in Haus drei

Hier bietet sich das Bild des zerstreuten Professors: Man glänzt zwar mit erstaunlicher intellektueller Brillanz und ist auch in Sachen Schlagfertigkeit nicht ohne, andererseits verheddert man sich gern im selbst gestrickten Chaos. So wirkt man häufig hektisch und zerfahren, macht Flüchtigkeitsfehler und rührt, zerstreut wie man ist, mit seiner Lesebrille die Milch des Morgenkaffees um.

Für manche ist es da nur ein schwacher Trost, dass man kognitiv auf der Überholspur unterwegs ist und sich für eine erstaunlich breite Palette an Themen interessiert. Insbesondere Wissensgebiete, die im Mainstream verpönt sind, reizen die Nativen. Überall dort, wo noch Geheimnisse gelüftet werden können oder wo man sich durch Individualität von anderen abhebt, fühlen sie sich zu Hause. So tummeln sich einige auch auf dem Feld der Esoterik und der Grenzwissenschaft, z.B. im Bereich der Astrologie.

Mit ihrer kreativen Intelligenz, die in der Lage ist, Brücken zwischen weit auseinanderliegenden Fachgebieten zu schlagen, sind sie zudem begabte Wissenschaftler, Künstler oder Journalisten.

Daneben haben die Nativen einen praktischen Erfindergeist; sie basteln gerne, und die besonders Begabten unter ihnen können in Sekundenschnelle ihren Laptop in einen Toaster verwandeln. Meist sind auch gute Reflexe vorhanden, was talentierte Native nutzen können, z.B. bei Ballsportarten.

Beispiele: Albrecht Dürer, Albert Einstein, Erich Fromm, Emmeline Pankhurst, Christoph Martin Wieland, Robert Bly, Roger Federer, Oliver Kahn, Sigourney Weaver, Britney Spears.

Uranus in Haus vier

Bei dieser Konstellation ist die Familie selten ein Hort der Ruhe und der Geborgenheit. Im Gegenteil: Aufregende Umstände begleiten nicht nur die Geburt, sondern auch die frühen Entwicklungsjahre des Kindes. Vielleicht ziehen die Eltern mehrmals um oder es kommt zu Trennungen bzw. zum frühen Verlust von Bezugspersonen. In harmloseren Fällen sind sich die Eltern nicht einig über ihre pädagogischen Ziele. Beispielsweise wird das, was von einem Elternteil erlaubt ist, vom anderen verboten.

Insbesondere die Mutter ist während der Geburt und der frühen Kindheit nicht mit sich im Reinen; vielleicht hat sie ambivalente Gefühle gegenüber dem Kind, ist reizbar, überfordert oder dem Nervenzusammenbruch nahe.

Konsequenterweise orientieren sich diese Kinder eher an den Großeltern oder an anderen Verwandten, die ihnen ein stärkeres Gefühl von Sicherheit und Vertrauen geben als die eigenen Eltern.

Die Nativen sind häufig Nestflüchter, verlassen früh das Elternhaus und geben sich dadurch den Anschein von Reife und Selbstständigkeit. Doch der Schein trügt: Die frühkindliche Erfahrung von Ambivalenz prägt auch den Erwachsenen-Charakter; die Nativen sind unzuverlässig, seelisch leicht erregbar und haben schnell das Gefühl, Anstrengung und Aufwand lohne sich nicht. Häufig ist auch die Konzentrationsfähigkeit nicht sehr ausgeprägt. Ihre Sprunghaftigkeit und mangelnde Ausdauer macht es den Nativen schwer, beruflich oder partnerschaftlich Fuß zu fassen.

So sind die Geborenen in freien und selbstständigen Berufen besser aufgehoben als in einem 08/15-Job. Allerdings besteht auch hier die Notwendigkeit, Disziplin und Konzentrationsfähigkeit zu üben und nicht der Neigung nachzugehen, von einem Aufmerksamkeitsherd zum nächsten zu springen.

Durch ihre disharmonischen Kindheitserfahrungen geprägt, können die Geborenen eine gute Menschenkenntnis und ein Interesse für Psychologie entwickeln, was für therapeutische, aber auch für kreative Arbeit genutzt werden kann.

Beispiele: Otto von Bismarck, Ernest Hemingway, Alexander Fleming, Hans Hass, William Turner, Diego Rivera, Jim Morrison, Tom Selleck, Ben Stiller, Angelina Jolie, Mark Wahlberg.

Uranus in Haus fünf

Der Vater des Nativen trägt deutlich uranische Züge: Es kann sich dabei um einen brillanten Freigeist handeln oder um einen zerrissenen Möchtegern, der massive Widersprüche mit sich herumträgt. Vielleicht ist der Vater auch ständig auf Achse, entzieht sich so weitgehend dem normalen Familienalltag.

Es kann auch sein, dass der Vater gegensätzliche Charakterzüge in sich vereint: Vielleicht ist er an einem Tag warmherzig und fürsorglich, am anderen schroff abweisend. Manchmal handelt es sich um »verkrachte Existenzen«, um Personen, die ein Leben am Rande der bürgerlichen Konventionen führen, oder um Aussteiger, die ihren individuellen Lebensweg gehen und ungewöhnliche Berufe ausüben.

Egal, welche Variante infrage kommt, bei den Nativen hinterlässt dies Spuren: Sie lernen früh, dass auch sie ein Leben abseits der Norm führen dürfen. Dies kann sie zu originellen und eigenständigen Persönlichkeiten machen oder zu Getriebenen, die nicht wissen, wohin sie gehören.

Ambivalenz prägt auch ihr Verhalten gegenüber den eigenen Kindern: Oftmals haben sie keine oder die Beziehung zu ihnen ist distanziert und von gegensätzlichen Gefühlen geprägt.

Beispiele: William Butler Yeats, Thomas Ring, Albert Camus, Max Ernst, H.G. Wells, Elvis Presley, Hjalmar Schacht, Steffi Graf, Conrad Veidt, Milla Jovovich, Halle Berry.

Uranus in Haus sechs

Uranus und das sechste Haus sind sich im Grunde spinnefeind: Wo das eine das Gleichmaß und die alltägliche Routine sucht (Haus sechs), da sprengt der andere jegliche Form und möchte am liebsten gleich wieder ausbrechen, wenn er das Wort Verpflichtung nur hört (Uranus).

So ist diese Konstellation mit einem gerüttelt Maß an

Widersprüchen gesegnet: Man ist sich der Notwendigkeit bewusst, sich anzupassen, sich an gesellschaftliche Spielregeln zu halten, andererseits locken immer wieder die Kirschen in Nachbars Garten; man sehnt sich nach Freiräumen und nach Möglichkeiten, ein schöneres und selbstbestimmtes Leben zu führen.

Manch einem gelingt es, in Positionen aufzusteigen, die gewisse Privilegien und Freiräume eröffnen. Was von anderen dann als ungerechte Extrawurst kritisiert wird, ist für den Nativen bloß die »kleine Freiheit« in einer allzu normierten und geregelten Welt.

Beispiele: Helmut Schmidt, August Bebel, Jean Cocteau, Max Horkheimer, Édouard Manet, Piet Mondrian, Alexis Carrel, Günter Grass, Bjarne Mädel, Amy Winehouse, Samantha Fox.

Uranus in Haus sieben

Die Einstellung zur Ehe und generell zu Partnerschaften ist bei dieser Konstellation ungewöhnlich. Feste Bindungen werden gern vermieden, manchmal ergibt sich auch eine Art Beziehungsunfähigkeit.

In festen Verbindungen wirkt Uranus wie eine tickende Zeitbombe: Man weiß nie, wann sie explodiert. Irgendwann jedoch geht sie hoch und lässt die Beziehung platzen.

Als Alternative kann sich ein »Beziehungshopping« ergeben, d.h. man wechselt die Partner in rascher Folge, sodass kein allzu tiefes Einlassen geschehen muss. Der Anschein des oberflächlichen Playboys kann aufkommen.

Meist entspricht dies keineswegs der mentalen Struktur der Nativen; eher sind sie vielseitige Intellektuelle, die sich mit einer großen Bandbreite an Themen beschäftigen. Durch ihre Wissbegierde und ihre Offenheit können sie begeisterte Forscher sein, die für innovative Schübe auf ihrem Fachgebiet sorgen. Das Originelle und Ungewöhnliche zieht sie magisch an, gern setzen sie sich mit abseitigen Themenfeldern auseinander.

Exzentrische Menschen, die gerne aus der Reihe tanzen, gehören zu ihrem Beuteschema. Mit solchen Personen sind tragfähige Partnerschaften am erfolgversprechendsten.

Beispiele: Sigmund Freud, Carl Gustav Jung, Wolfgang Amadeus Mozart, Corazon Aquino, Barack Obama, Joachim Gauck, Aubrey Beardsley, John Dee, Roman Polanski, Gunter Sachs, Iris Berben.

Uranus in Haus acht

Mit dieser Hausposition geht man gern Partnerschaften zu Menschen ein, die eine deutliche Uranuskomponente aufweisen: Sie können z.B. witzig, spritzig und erfrischend »anders« sein, aber auch unzuverlässig und haltlos sowie mit ihren Ego-Trips die Partnerschaft an den Rand des Scheiterns führen.

Die Alternative zum »Halodri-Partnerbild« ist der vielfache Wechsel von Partnerschaften. Aber auch mehrere Eheschließungen sind bei Uranus in acht keine Seltenheit.

Der luftige Uranus fühlt sich im achten Haus nicht besonders wohl. Besonders in Fragen der Sexualität kann es zu Schwierigkeiten kommen: Zu leidenschaftlichen Liebesspielen hat man vielleicht ein kühl-distanziertes Verhältnis, lacht im falschen Moment oder ist manchmal nur peinlich berührt.

Andererseits kann sich ein analytischer Forschergeist zu Themen des achten Hauses herausbilden, beispielsweise im Bereich der Grenzwissenschaft oder bei der Verbrechensbekämpfung.

Manchmal ist Uranus in acht ein Hinweis auf frühe Verlusterlebnisse oder ambivalente Erfahrungen in der Kindheit. Die Nativen entwickeln daraufhin ein wechselhaftes bis schizoides Weltbild, das sie zwar begabt für das Absurde macht, aber auch von einer gewissen Realitätsferne geprägt ist.

Beispiele: Hermann Hesse, Georg Elser, Karl Valentin, Yul Brynner, Werner Krauss, Klaus Löwitsch, Basil Rathbone, Natalie Wood, Marilyn Monroe, Neil Diamond, Oswalt Kolle, Christian Klar.

Uranus in Haus neun

Geborene mit dieser Uranusposition sind oft wahre Freigeister. Auf 08/15-Gedankengänge reagieren sie höchst allergisch, und nicht selten verblüffen sie ihre Umwelt mit originellen Einsichten und Erkenntnissen. Was Glaubensfragen anbelangt, so ist dies die klassische Position des Agnostikers oder Atheisten. Zumindest ist das religiöse Weltbild des Nativen weniger von Dogmen denn von neugieriger Offenheit geprägt.

Ihr scharfer Verstand und die Fähigkeit, sich Wissen blitzschnell anzueignen, verleiht dem einen oder anderen tatsächlich das Gefühl, etwas Besonderes zu sein. Oft verbunden mit der fatalen Neigung, auf die Umwelt, die ja so »begriffsstutzig« ist, milde lächelnd herabzublicken.

Die Kehrseite der Medaille ist, dass man von anderen eher als skurriler Spinner wahrgenommen wird denn als brillantes Genie. Die Sache wird dadurch nicht erleichtert, dass sich die Geborenen gern mit Themenfeldern beschäftigen, die nicht dem Mainstream entsprechen, und sich auch mal in ihren intellektuellen Elfenbeinturm zurückziehen, wenn ihre Ansichten nicht gewürdigt werden.

Die Nativen sollten lernen, ihren großen Weitblick und offenen Geist dafür zu nutzen, weit auseinanderliegende Themengebiete zu verbinden. Das ist nämlich ihre große Stärke: Synthesen zu schaffen und damit die Welt zu bereichern.

Beispiele: Jiddu Krishnamurti, Ken Wilber, Mahatma Gandhi, Jules Verne, Louis de Funès, Claire Brétecher, Camille Paglia, France Gall, Mata Hari, Faye Dunaway, Gwen Stefani, Alicia Silverstone.

Uranus in Haus zehn

Diese Hausposition bringt oft erstaunliche Persönlichkeiten hervor, die einen mehr als außergewöhnlichen Lebensweg vorweisen. Eintönige Karrieren oder bürgerliche Lebensstile sind hier selten zu finden, dafür sind die Nativen zu unangepasst und eigenwillig.

Ihre Widerspruchsneigung und ausgeprägte Individualität beschwört bisweilen Kontroversen und Konflikte hinauf, die zu jähen Wechseln in der Berufsplanung führen können. Sie sind dann gezwungen, von vorne anzufangen oder eine völlig neue Laufbahn einzuschlagen. Nicht selten wirkt ihr Lebensweg wie ein Zickzackkurs.

Die Ursache der Unangepasstheit liegt im ambivalenten Erziehungsstil der Eltern: Vielfach waren Mutter und Vater völlig konträre Persönlichkeiten, die dem Kind einen psychologischen »Eiertanz« abverlangten, d.h. es musste ständig zwischen den Fronten lavieren und so die immensen Unterschiede der Eltern ausgleichen. Meist entwickelte sich in der weiteren Adoleszenz – im positiven Sinn – das Vermögen, sich auch ungewohnten und schwierigen Situationen zu stellen, im negativen jedoch die Tendenz, stets den Widerspruch zu suchen. Einige Native können dann zu permanenten Störenfrieden und Unruhestiftern werden, die die Provokation um jeden Preis suchen.

Beispiele: Donald Trump, Franz Josef Strauss, Wolfgang Döbereiner, Käthe Kollwitz, Karl Marx, Jean Paul Getty, Maurice Ravel, Erich von Däniken, Roy Black, Anne Frank, Annie Sprinkle.

Uranus in Haus elf

Diese Geborenen sind freiheitsliebend, ohne es an die große Glocke zu hängen. »I did it my Way« ist ihr unbewusstes Lebensmotto. Sie gehen schon früh ihren eigenen Weg und bilden sich zu Individualisten aus. Die Schattenseite ist eine gewisse Egozentrik, da das Ausleben der Persönlichkeit auf Kosten des sozialen Umfelds gehen kann.

Meist sind Menschen mit Uranus in elf talentierte Autodidakten, die sich Lesen und Schreiben selbst beibringen können. Dadurch umweht sie ein Hauch von Genialität, um den sie sich entweder nicht scheren oder den sie dafür nutzen, ihre Außenseiterposition zu zementieren. Tatsächlich leben sie häufig in den Randbezirken der Gesellschaft oder tummeln sich – ähnlich wie bei Uranus in Haus eins – in mehr oder weniger dubiosen Subkulturen. Hier können sie durch ihre besonderen Fähigkeiten eine Führungs- und Vorreiterposition einnehmen.

Oft haben sie ein ausgeprägtes Interesse an Politik und am Weltgeschehen, bleiben aber distanzierte Beobachter. Engagieren sie sich doch einmal, so kommt es im Laufe der Zeit fast zwangsläufig zum Zerwürfnis.

Beispiele: Vincent van Gogh, Alfred Kubin, Thomas Mann, Winston Churchill, Buzz Aldrin, Steve Jobs, Dane Rudhyar, Franz Alt, Harry Belafonte, Jean-Paul Belmondo, Colin Wilson, Morgan Fairchild.

Uranus in Haus zwölf

Uranus in Haus zwölf macht die Nativen neugierig auf Grenzüberschreitungen aller Art. Das Gewöhnliche und Alltägliche ödet sie an, sie sehnen sich nach dem Transzendenten und Metaphysischem.

Häufig ist ein Interesse an Yoga, Hypnose, Mystik, Astrologie oder anderen grenzwissenschaftlichen Themen gegeben. Auf diesen Feldern experimentieren die Nativen gern und versuchen ganz unbekümmert, weit auseinanderliegende Wissensgebiete zu synthetisieren.

Mit ihren exzentrischen Interessen können die Nativen zwar eine besondere gesellschaftliche Position erringen und sich von der Masse abheben, sie können sich aber auch ins soziale Abseits befördern.

Das zwölfte Haus hat eine Beziehung zur kollektiven Psyche und zu unserem Ahnenerbe. Insofern mag diese Uranusstellung ein Verweis auf unangepasste, freimütige Vorfahren sein, die die Sippe eventuell in Verruf brachten. Unbewusst fühlen sich die Nativen diesen Ahnen verpflichtet und dazu aufgefordert, den Weg ihrer Vorfahren weiterzugehen bzw. deren Erbe zu heiligen.

Beispiele: Gabriel García Márquez, Wolfgang Borchert, Rainer Maria Rilke, Arthur Conan Doyle, Norman Mailer, Stephen King, Nostradamus, Neil Armstrong, Hans Albers, Ernst Thälmann, Madonna.

Uranus-Transite durch die Häuser

Uranus funktioniert wie ein Geburtshelfer, der uns zu mehr Freiheit verhelfen will. Er entbindet uns von alten Gewohnheiten und Strukturen, bereitet etwas Neues vor. Um dies zu erreichen, kann er blitzartig aus heiterem Himmel kommen und uns mit überraschenden Situationen konfrontieren, in denen wir unsere Spontaneität und Weltoffenheit unter Beweis stellen sollen. Er ist wie ein Windstoß, der Fenster öffnet, damit frische Luft zu uns gelangt.

Ist wenig Innovationsbereitschaft vorhanden, so fühlen wir uns überfordert; Orientierungslosigkeit, Angst und nervöse Stresssymptome können die Folgen sein. Sich wieder in alte saturnische Gewohnheiten zu flüchten, ist allerdings die falsche Antwort: Vielmehr sollte das Augenmerk auf den Hausbereich gelenkt werden, durch den Uranus wandert, und überprüft werden, was wirklich wichtig ist und was sich mittlerweile, vielleicht schon viel zu lang, überlebt hat. Dieses dann auszumisten und dabei auch alte Zöpfe abzuschneiden, ist die eigentliche Aufforderung seines Transits.

Die folgenden Beschreibungen können auch auf die Häuserherrscher bezogen werden. Das heißt, ein Uranus-Transit durch Haus eins entspricht einem Spannungsaspekt (Konjunktion, Quadrat, Opposition) des laufenden Uranus zum Herrscher von Haus eins usw. Ebenso wäre ein Uranus-Transit-Aspekt zur Spitze von Haus eins mit den Beschreibungen zu Uranus in Haus eins gleichzusetzen und so weiter.

Uranus-Transit durch Haus eins

In dieser Zeitphase erwachen bisher verborgene Persönlichkeitsanteile. Manchmal erkennen sich die Nativen selbst nicht wieder, lernen sich ganz neu kennen. Für die Umwelt mag dies eine ebenso anstrengende Zeit sein wie für den Nativen selbst: Vorwürfe, man sei zu sehr auf dem Egotrip, sind nicht selten.

Auslöser können äußere Ereignisse sein, die eine Neuorientierung nötig machen (Berufswechsel, Scheidung etc.). Vielleicht gibt es eine ungewollte Trennung; der Native wird gezwungen, eigene Wege zu gehen. Uranus katapultiert uns aus dem gewohnten Trott heraus.

Fällt der Transit mit der Pubertät zusammen, so sind die Nativen in ihrem Element: Aufmüpfigkeit, Rebellion gegen Autoritäten und rasches Ausprobieren neuer Identitäten, etwa durch Frisur- und Kleidungswahl, sind an der Tagesordnung und werden vom sozialen Umfeld, mehr oder weniger zähneknirschend, akzeptiert.

In späteren Lebensabschnitten hängt diesem Transit das Etikett der verspäteten Pubertät an. Man wirkt wie jemand, der krampfhaft seine zweite Jugend nachholt, weil man die erste verpasst hat.

Im Positiven erfolgt die Freisetzung aus gesellschaftlichen Zwängen; man entdeckt seine Individualität und ist zu eigenständigen Erkenntnissen und Schlussfolgerungen fähig. Im Negativen wird man zum isolierten Außenseiter.

Uranus-Transit durch Haus zwei

Uranus erschüttert die Lebensgrundlagen des Nativen: Es kann zu massiven wirtschaftlichen Unruhen und Veränderungen kommen. Der Wechsel der materiellen Verhältnisse führt zur Unsicherheit: Man leidet unter Ängsten und Nervosität, und manche suchen ihr Heil, indem sie sich an das klammern, was sie (noch) haben.

Auch wenn es unter diesem Transit tatsächlich zu Abstürzen kommen kann, so verläuft der Normalfall eher undramatisch: Die wirtschaftlichen Turbulenzen lassen sich meist durch Erspartes oder andere Einnahmequellen kompensieren. Außerdem sind auch Fälle möglich, bei denen es zu positiven Veränderungen, also zu plötzlichen Zugewinnen, kommt.

Ein weiterer positiver Aspekt ist, dass man sich nun, ebenso schnell wie radikal, von unliebsamen Bürden lösen kann, schneller als dies je zuvor der Fall gewesen war: Altlasten, Einschränkungen und unnötige Verpflichtungen können über Bord geworfen werden. Dies kommt dem Aufbruch in ein neues Leben gleich. Häufig geht damit die Erschließung alternativer Erwerbsquellen oder ein Berufswechsel einher.

Uranus-Transit durch Haus drei

Wenn Uranus durch das dritte Haus läuft, wird man zwar nicht gleich zu einem zweiten Albert Einstein (1879–1955)[45], aber mit einem gehörigen Schub kognitiver Leistungsfähigkeit ist schon zu rechnen. Äußerer Anlass mag der Beginn einer neuen Ausbildung oder der Wechsel der Schule sein. Vielleicht gerät man an einen Lehrer, der es erstmals vermag, die Interessen und die Neugierde zu wecken, die schon immer in einem schlummerten, aber bislang brachlagen. Neue Wissensgebiete tun sich auf, und man wird mit Erkenntnissen und Einsichten konfrontiert, von denen man zuvor nicht zu träumen wagte.

Man gerät jetzt in Versuchung, sich mit mehreren Dingen gleichzeitig zu beschäftigen. Dadurch trumpft man zwar intellektuell auf, aber es besteht auch die Gefahr, sich zu verzetteln. Dank der Reizüberflutung kann es zu nervlichen Erschöpfungen kommen.

Manchmal geschehen in dieser Zeit abrupte Veränderungen im näheren sozialen Umfeld, in der Familie oder im Freundeskreis.

[45] In Einsteins Geburtshoroskop befindet sich Uranus in Haus drei.

Uranus-Transit durch Haus vier

In dieser Zeitphase kommt es einem vor, als verwandle sich die Seele in eine Glaskugel: zart, zerbrechlich, schimmernd und geheimnisvoll. Man bekommt Einblicke in die eigene Seelentiefe, die man so noch nie hatte: Schillernde Gefühlswelten tun sich auf. Eine seelische Neuorientierung kann geschehen.

Uranus wühlt den Grund des vierten Hauses drastisch auf; dabei kommt so manch Vergessenes und Verschüttetes zum Vorschein, und man wird – im besten Fall – zum Psychonauten in eigener Sache.

Im Äußeren gibt es starke Unruhe in der Familie oder in der Wohnsituation. Die Störungen können durch den Auszug der Kinder, durch Scheidungen oder – in dramatischen Fällen – durch Todesfälle ausgelöst werden.

Umzüge sind jetzt nicht selten, aber auch Störungen des Heims, etwa durch Nachbarn oder durch langwierige Bauarbeiten vor der Haustür.

Uranus-Transit durch Haus fünf

Meist ist dies eine aufregende und turbulente Lebensphase, in der sich die Persönlichkeit des Nativen grundlegend ändert. Es kann z. B. eine Neuorientierung im Sexuellen geschehen: Manch einer entdeckt seine bisher verdrängte Vorliebe für BDSM oder stürzt sich in sein erstes homoerotisches Abenteuer.

Auch das Vaterbild kann sich verändern, in dramatischen Fällen ausgelöst durch dessen Tod. In irgendeiner Art und Weise wird man dazu aufgerufen, sich mit dem leiblichen Vater oder mit dem Vaterbild zu beschäftigen.

Zur Auseinandersetzung rufen bisweilen auch die Kinder auf: Vielleicht wird man ungewollt schwanger oder es befinden sich ältere Kinder gerade in der Pubertät und führen einem die eigenen ungelösten Autoritätskonflikte vor Augen.

Ferner wird nun die Kreativität angesprochen und kann,

insbesondere wenn Uranus bereits im Radixhoroskop eine Beziehung zu Haus fünf hat, zu einem wahren Schaffensrausch führen. Allerdings ist die Gefahr groß, sich mit zu vielen Dingen gleichzeitig zu beschäftigen und sich zu verzetteln. Nervliche Überreizungen und Zusammenbrüche mögen die Folge sein.

Grundsätzlich setzt Uranus in dieser Phase kreative Kräfte frei – eine Möglichkeit, die aber auch genutzt sein will.

Uranus-Transit durch Haus sechs

Sehr häufig werden bei diesem Transit unsere alltäglichen Routinen und Lebensabläufe geändert. Dies ist z.B. der Fall, wenn das Lebensumfeld wechselt, man etwa in ein Pflegeheim kommt oder seine erste eigene Wohnung bezieht.

Das Lebensumfeld, insbesondere im Bereich Beruf und Arbeit, kann sich abrupt ändern. Es kommt zu einer Neuorientierung, die – wie bei jedem Uranus-Transit durch die Erdhäuser –, auch in Form einer Kündigung geschehen kann. Häufig sind es eingeschliffene Routinen, insbesondere am Arbeitsplatz, die dem Nativen zur Qual werden. Manch einem fällt plötzlich auf, wie langweilig sein Beruf eigentlich ist.

Die Krisen können durchaus die Befreiung von Abhängigkeiten hervorrufen, z.B. indem man sich selbstständig macht. Hier sollte man jedoch aufpassen, dass man die Konsequenzen abschätzt, da man ansonsten nur eine Tretmühle gegen die nächste austauscht.

Generell reagiert man in dieser Phase gereizt auf alles, was mit Verbindlichkeiten und Verpflichtungen zu tun hat. Ferner können massive Störungen des Alltags, z.B. durch Ärger mit den Nachbarn, auftreten. Auch die Ernährung und der Gesundheitsbereich sind Wandlungen ausgesetzt. Nervliche Erkrankungen sind möglich, ebenso die Gefahr von Burn-Out.

Uranus-Transit durch Haus sieben

In dieser Zeitphase geraten wir in Kontakt mit neuen Menschen oder mit ungewohnten Ideen. Diese Begegnungen geschehen nicht selten rein zufällig, und der eine oder andere gerät in eine Beziehung »wie die Jungfrau zum Kind«. Ob das Verhältnis lange hält, steht auf einem anderen Blatt. Uranus ist kein Garant für Stabilität, sodass das eine oder andere Techtelmechtel ebenso schnell wieder endet, wie es begonnen hat.

Ist man bereits in einer Beziehung, so gerät das Thema Freiheit in den Fokus: Entweder man selbst oder der Partner fühlt sich eingeengt. Vielleicht möchte man bloß die Partnerschaft neu gestalten, eventuell keimt aber der Wunsch auf, ganz neue Wege zu gehen und die Beziehung zu beenden. In irgendeiner Form tauchen vermehrt Gefühle der Entfremdung auf. Uranus steigert ferner die Experimentierfreude, und so kann es zu ganz ungewöhnlichen Konstellationen in Sachen Partnerschaft kommen.

Wichtig in dieser Phase ist es, die eigene Motivation zu hinterfragen und nicht »das Kind mit dem Bade auszuschütten«. Gerade unter Uranus-Einfluss verspürt man rasch die Lust auf einen Befreiungsschlag; doch es ist immer schwierig, zerbrochenes Porzellan wieder zu kitten. Daher sind in dieser Zeit Reflektionsvermögen und ein gehöriges Maß an Behutsamkeit gefragt.

Ähnlich wie beim Uranus-Lauf durch Haus drei besteht auch unter diesem Transit die Neigung, sich mit zu vielen verschiedenen Themen gleichzeitig zu beschäftigen. Auch hier ist die Gefahr der Reizüberflutung gegeben. Überhaupt ist die Aufnahmefähigkeit in dieser Zeitphase derart sensibilisiert, dass es – in Extremfällen – zu Nervenzusammenbrüchen kommen kann.

Uranus-Transit durch Haus acht

In dieser Lebensphase können sich Einstellungen und Überzeugungen radikal ändern: Waren Sie bislang überzeugte Pelzträgerin? Dann könnten Sie sich in eine militante Tierschützerin verwandeln.

Oder haben Sie bisher immer Fleisch gegessen und entdecken nun die Vorzüge der vegetarischen Ernährung? Ein anderes Beispiel: Manch einer, der immer links gewählt hat, findet sich plötzlich in einer Demonstration von Wutbürgern wieder, da sich seine politische Meinung um 180° gedreht hat …

Uranus ist der Sand im Getriebe des achten Hauses: Das, was als unumstößliche Gewissheit galt, wird nun in vielerlei Hinsicht auf den Kopf gestellt. In gewisser Weise ist dies die Konsequenz von Uranus in Haus sieben: Die neuen Begegnungen und Ideen, mit denen wir konfrontiert worden sind, verfestigen sich zu Einstellungen, gerinnen zu Wertmaßstäben, die uns fortan begleiten. Uranus polt unsere Konditionierungen mitunter so radikal um, dass wir uns nach diesem Transit wie ein neuer Mensch fühlen.

Da das achte Haus auch unseren Schattenbereich darstellt, kann es zu innerpsychischen Turbulenzen kommen: Verdrängte Themen und Ängste schießen blitzartig hoch, da sie – von unbedeutend scheinenden Anlässen – getriggert werden. Uranus verkörpert jedoch auch die größtmögliche Distanz zu uns selbst. So kann in dieser Phase eine analytische und schonungslose Auseinandersetzung mit der eigenen Seele besonders fruchtbar und lohnend sein.

Uranus-Transit durch Haus neun

Wenn Sie bislang den Begriff Bücherregal nur vom Hörensagen kannten oder das Internet vor allem für die Partnersuche und Online-Banking gebrauchten, dann sollte sich dies jetzt ändern: Horizonterweiterung ist angesagt, und zwar auf der Überholspur!

Neue Wissensgebiete tun sich auf, und viele Native haben den Eindruck, dass sie in dieser Phase besser und schneller lernen als je zuvor. Manch älterer Jahrgang wagt vielleicht noch mal den Schritt an die Uni, ein anderer belegt fleißig Kurse an der Volkshochschule. Die Kehrseite der Medaille ist eine gewisse Orientierungs- und Ziellosigkeit, die uns von einem Themengebiet zum nächsten springen lässt.

Durch die immense Aufgeschlossenheit, bei der es mitunter auch zur Reizüberflutung kommt, erweitert sich fast automatisch das soziale Umfeld der Nativen. Der eine oder andere nimmt jetzt sogar eine größere Auslandsreise in Angriff, was ebenfalls der Horizonterweiterung dient.

Man kann nun auch zum Lautsprecher derjenigen Weltanschauung werden, die sich unter dem Uranus-Transit durch Haus sieben und acht gebildet und verfestigt hat: Vielleicht versucht man sein soziales Umfeld von den neuen Ideen zu begeistern, was natürlich zu unterschiedlichen Reaktionen führt. Ist der Missionsdrang zu stark ausgeprägt, befördert man sich schnell ins gesellschaftliche Abseits. Vielleicht beschäftigt man sich auch mit so innovativen Thesen, dass man seiner Zeit weit voraus ist, von der Umwelt jedoch eher als »Lachnummer« wahrgenommen wird.

Im besten Fall ist man nach diesem Transit von einigen Dogmen und überholten Weltanschauungen gereinigt und hat eine unabhängige und tolerante Sicht auf die Dinge gewonnen.

Uranus-Transit durch Haus zehn

Das zehnte Haus wird auch als Berufshaus bezeichnet, entsprechend fundamental können die Veränderungen sein, die durch Uranus hervorgerufen werden: Unser gesellschaftlicher Status, den wir uns über Jahre hinweg aufgebaut haben, wird infrage gestellt und gerät ins Wanken. Dies kann relativ schleichend geschehen, indem einem die Routine, die am Arbeitsplatz vorherrscht, zu Bewusstsein kommt und eine berufliche Neuorientierung immer attraktiver wird.

Vielleicht werden wir gewahr, dass die Ziele des Unternehmens nicht mehr mit unseren persönlichen Überzeugungen übereinstimmen. Was zunächst mit einem leichten Bauchgrimmen begann, kann sich zu einem Magengeschwür oder zu einem Burn-Out auswachsen und letztlich zum uranischen Befreiungsschlag führen: Man sucht sich eine Beschäftigung, die mehr zur eigenen Seele passt.

Häufiger und uranustypischer, ist jedoch ein plötzlicher Schock, zum Beispiel der jähe Blitz, der in Form einer fristlosen Kündigung eintrifft.

Wie man es dreht und wendet, in dieser Phase wird einem bewusst, dass das Marx'sche Wort von der »entfremdeten Arbeit« kein hohles Gerede ist, erst recht nicht in unserer globalisierten Leistungsgesellschaft. Ziel ist es, die beiden nicht sehr kongruenten Prinzipien Freiheitsdrang und Berufsleben in Übereinstimmung zu bringen.

Uranus-Transit durch Haus elf

Dies ist eine Phase, in der unsere Individualität gesellschaftliche Anerkennung erfährt. Befreiung und Aufbruch sind angesagt; man hat den Eindruck, dass in vielen Persönlichkeits- und Lebensbereichen etwas in Bewegung gerät.

Doch sollte man aufpassen, dass man nicht »das Kind mit dem Bade ausschüttet«, d.h., es kann die Neigung bestehen, das Alte zu verwerfen, nur weil es alt ist. Ferner sollte man nicht in die Falle tappen, Abhängigkeiten durch neue zu ersetzen, bloß weil sie im frischen Gewand daherkommen.

Der Umbruchcharakter dieses Transits wirkt sich vor allem auf das gesellschaftliche Umfeld aus; es mag zu Wechseln im Bekannten- und Freundeskreis kommen, man kann sich aber auch politischen Parteien oder Organisationen anschließen und so neue Kontakte knüpfen.

Andererseits kommt es zur Auflösung gesellschaftlichen Engagements: Ist man vielleicht schon länger politisch aktiv, so kommen vermehrt Zweifel am Sinn daran auf. Vielleicht bricht man in dieser Zeitphase sogar mit jahrelangen Mitgliedschaften und gibt sein Parteibuch zurück.

Uranus-Transit durch Haus zwölf

Der uranische Blitz, der in die Gewässer des zwölften Hauses fährt, hat stets aufwühlenden Charakter. In seltenen Fällen kann es zu einem spirituellen Erwachen kommen: Die Nativen befreien sich von den Fesseln unserer polaren Welt, und zwar auf sanfte, von der Umwelt unbemerkte Art und Weise. Die Hinwendung zu esoterischen Disziplinen oder das Interesse an grenzwissenschaftlichen Phänomenen kann ein Schritt in diese Richtung sein und taucht unter diesem Transit tatsächlich häufig auf.

In den meisten Fällen ist dies jedoch eine Phase der Verwirrung und Orientierungslosigkeit: Bisher geglaubte Gewissheiten lösen sich auf; es kommt zu tiefen Zweifeln an der Richtigkeit unseres gesellschaftlichen Wertesystems.

Manchmal besteht während dieser Phase die vermehrte Neigung zu Infektionskrankheiten.

Bibliografie

Hajo Banzhaf: *Das Tarot-Handbuch*. München 1998.

Erich Bauer: *Die Kraft der Ahnen. Familienschicksal im Horoskop*. München 2002.

Udo Becker (Hg.): *Lexikon der Astrologie*. Freiburg 1997.

Rafael Gil Brand: *Lehrbuch der klassischen Astrologie*. Tübingen 2006.

Gregory Claeys: *Ideale Welten. Die Geschichte der Utopie*. Darmstadt 2011.

Rüdiger Dahlke: *Aggression als Chance*. München 2003.

Rüdiger Dahlke: *Das Buch der Widerstände*. München 2013.

Thorwald Dethlefsen: *Ausgewählte Texte*. München 1992.

Thorwald Dethlefsen: *Astrologie als Symbol*. Hamburg 2016.

Antoine Faivre: *Esoterik im Überblick. Geheime Geschichte des abendländischen Denkens*. Freiburg 2001.

Michael Farr: *Auf den Spuren von Tim & Struppi*. Hamburg 2006.

Heinz Fidelsberger: *Schicksalswende 1989*. Salzburg 1981.

Sigmund Freud: »Totem und Tabu. Einige Übereinstimmungen im Seelenleben der Wilden und der Neurotiker« In: *Gesammelte Werke. Band 9*. Sechste Auflage. Frankfurt am Main 1978.

Erich Fromm: *Märchen, Mythen, Träume. Eine Einführung in das Verständnis einer vergessenen Sprache*. Reinbek bei Hamburg 1997.

Peter M. Gaschler: *Meisterwerke des Science-Fiction Films*. Passau 2006.

Johann Wolfgang Goethe: *Faust*. Herrsching 1982.

Brigitte Hamann: *Chiron – Brennpunkt für besondere Fähigkeiten.* Tübingen 2005.

Hermann Hesse: »Klein und Wagner«. In: *Traumfährte.* Erzählungen. Frankfurt am Main 2006.

Anja Höfer: *Johann Wolfgang von Goethe.* München 1999.

E. T. A. Hoffmann: *Der Sandmann/Das öde Haus.* Stuttgart 1989.

Otto Holzapfel: *Lexikon der abendländischen Mythologie.* Freiburg 1993.

Nicolaus Klein: *Glück und Selbstverwirklichung im Horoskop.* München 1997.

Raymond Klibansky/Erwin Panofsky/Fritz Saxl: *Saturn und Melancholie. Studien zur Geschichte der Naturphilosophie und Medizin, der Religion und der Kunst.* Berlin 1992.

Volker Leppin: *Die christliche Mystik.* München 2007.

Martin Luther (Übers.): *Die Bibel.* Stuttgart 1972.

Helen Palmer: *Das Enneagramm.* München 1991.

Jörg Petersen: »Das Groteske in der Astrologie. Saturn/Uranus und die Künstler«, in *Astrologie Heute Nr. 124*, Dezember 2006/Januar 2007.

Jörg Petersen: »Die Urkatastrophe des 20. Jahrhunderts. Astrologische Betrachtungen zum Ausbruch des Ersten Weltkriegs vor 100 Jahren», in *Astrologie Heute Nr. 169*, Juni/Juli 2014.

Jörg Petersen: »Im Zeichen des Phönix. Die kosmische Sarabande von Saturn, Uranus und Pluto«, in *Astrologie Heute Nr. 170*, August/September 2014.

Jörg Petersen: »Leinwandlegende und Rebell. Zum 85. Geburtstag von James Dean«, in *Astrologie Heute Nr. 179*, Februar/März 2016.

Jörg Petersen: »Ein literarischer Moralist. Zum 100. Geburtstag des Schriftstellers Heinrich Böll«, in *Meridian, 6/2017.*

Jörg Petersen: »Januskopf Preußen. Friedrich der Große – sein Horoskop und sein Erbe«, in *Meridian 1/2018*.

Michael Roscher: *Das Buch der Horoskope. 240 Horoskope bekannter Persönlichkeiten*. München 1990.

Michael Roscher: *Praxis der Horoskopinterpretation. Einführung in die Transpersonale Astrologie*. München 1992.

Michaele Roscher: *Kritische Grade im Horoskop*. Tübingen 2005.

Benjamin Schiller: *Himmlische Weisheit. Mythos und Astrologie*. Roßdorf 2017.

Arthur Schult: *Astrosophie*. Bietigheim 1994.

Manfred Wacker: »Nachwort«. In: Hoffmann, E.T.A.: Der Sandmann/Das öde Haus. Stuttgart 1989.

Slavoj Žižek: *Liebe deinen Nächsten? Nein, danke*! München 1999.

CHRISTOPH SCHUBERT-WELLER

Aufbruch zur Freiheit

Der Neustart des Jupiter/Saturn-Zyklus am 21.Dezember 2020
176 Seiten, Paperback, 21 Abb.
ISBN 978-3-89997-273-3

Am 21.12.2020 beginnt ein neuer Saturn/Jupiter-Zyklus im Wassermann, welcher den Verlauf der nächsten 20 Jahre bestimmen wird. Die Große Konjunktion galt schon in alten Zeiten als ein Markstein für eine historische Wende. Der Autor zeigt, was diese in Vergangenheit auslöste und welche Epoche derzeit zu Ende geht. Dieser Generationszyklus steht im Spannungsfeld zwischen Fülle und Beschränkung. Doch wie gestaltet er sich, wenn er auf 0° Wassermann eintritt? Mit diesem Buch können Sie Ihren eigenen zukunftsorientierten Bezug zu Jupiter und Saturn durchleuchten. Sie werden erkennen, wie sich Ihr persönlicher Neustart dieses Zweierzyklus im Zeichen Wassermann offenbaren wird.

»Dem Autor ist ein hochinteressantes Buch gelungen, in dem er kenntnisreich und mit viel Akribie seinem Forschungsgebiet nachgeht. Er macht deutlich, dass die Konjunktion vom 21.Dezember eine zentrale Rolle spielt für die kommenden Jahre.«

- Jörg Petersen in: ASTROLOGIE HEUTE NR. 206 -

JÖRG PETERSEN

Schöpferkraft im Tierkreis

Zwölf astrologische Künstlerskizzen
178 Seiten, Paperback, 12 Abb.
ISBN 978-3-95811-105-9

Durch ihre Symbolkraft spricht die Astrologie die kreativen Potenziale im Menschen besonders an. In dem vorliegenden Buch wird dies am Beispiel von berühmten Künstlerpersönlichkeiten und deren Zeichen im Tierkreis illustriert. Den Zeichen ist anschließend jeweils ein Künstler zugeordnet, der von diesem Zeichen besonders geprägt ist und dessen Werk unter diesem Gesichtspunkt vorgestellt wird. Besprochen werden Wilhelm Busch, Franz Marc, Albrecht Dürer, Odilon Redon, Peter Paul Rubens, Käthe Kollwitz. Antoine Watteau, Henri de Toulouse-Lautrec, Aubrey Beardsley, Pier Mondrian und Michelangelo Darüber hinaus werden noch weitere Künstler erwähnt, um zu zeigen, welche Potenziale in den einzelnen Tierkreiszeichen vorhanden sind.

»So wie man eine immer wiederkehrende Aussage in der Kunst bei seinem Schöpfer entdecken kann, kann man auch astrologische Transite im Leben eines Künstlers deutlich im Ausdruck seiner Bilder und in seinem Schaffen wiederfinden. Der Autor Jörg Petersen beschäftigt in seinem Buch genau mit diesem Thema«.

- Astrologie Heute Nr. 189 -